LE SOUCI DES PLAISIRS
construction d'une érotique solaire

à François Busnel

© Flammarion, Paris, 2008
87, quai Panhard-et-Levassor
75647 Paris Cedex 13

Tous droits réservés
ISBN : 978-2-0812-1632-7

MICHEL
ONFRAY
LE SOUCI DES PLAISIRS
construction d'une érotique solaire

Flammarion

« Ce n'est que le christianisme, avec son fond de ressentiment *contre* la vie, qui a fait de la sexualité quelque chose d'impur : il a jeté de la *boue* sur le commencement, sur la condition première de notre vie. »

Nietzsche, *Le Crépuscule des idoles*, § 4, « Ce que je dois aux anciens »

« Le christianisme a fait boire du poison à Éros : il n'en est pas mort, mais il est devenu vicieux. »

Nietzsche, *Par-delà le bien et le mal*, § 168

Sommaire

Ouverture
La vie sexuelle mutilée
8

(1) De la misère sexuelle (2) Reich avec Freud contre Lacan
(3) Frigides, asthéniques, angoissés (4) Déchristianiser la morale sexuelle

Introduction
Pour une philosophie des Lumières sensuelles
16

(1) Le désir et rien d'autre (2) Le prince charmant et la bergère
(3) L'imprégnation chrétienne (4) Vers une philosophie des Lumières sensuelles

I – Première théologie de l'éros chrétien
Généalogie de l'éros nocturne
28

Première partie
L'anticorps du Christ
29

(1) Notre odeur de mort (2) Une fiction nommée Jésus
(3) L'anticorps du Christ (4) Un corps de peinture
(5) Vierge et mère (6) Charnel et désincarné
(7) Mortel et immortel

Deuxième partie
Universaliser un corps névrosé
44

(1) Le corps glorieux (2) La puissance d'un impuissant
(3) L'« écharde dans la chair » (4) L'invention de la misogynie
(5) La prescription conciliaire

Troisième partie
La chair peccamineuse
56

(1) Saint Augustin le Commandeur (2) La « vraie philosophie »
(3) Le principe d'Origène (4) Violées mais chastes
(5) Généalogie de la libido (6) Genèse de la haine des femmes
(7) La preuve par le pétomane

II – Seconde théologie de l'éros chrétien
Nature de l'éros nocturne
70

Première partie
La jubilation martyrologique
71

(1) Le nihilisme de la chair, suite (2) Le principe d'imitation
(3) Jouir du martyre (4) Les abattoirs humains

Deuxième partie
Le tropisme sadique
82

(1) Les sectateurs de Sade (2) Le paulinisme du Marquis
(3) Biographie d'un fourbe
(4) Haine (chrétienne) des femmes
(5) La volupté dans la mort

Troisième partie
Une théologie négative thanatophile
96

(1) Sade *versus* Bataille (2) Le bourreau ? Une victime
(3) La confession d'un corps
(4) Aveugle, paralytique et syphilitique
(5) Un gnosticisme chrétien (6) Une théologie négative
(7) Une philosophie conservatrice
(8) Retour à la misogynie

III– Physique de l'éros indien
Construction d'un éros solaire
114

Première partie
L'éros solaire indien
115

(1) L'érotisme sanieux (2) L'arsenal conceptuel
(3) Les leçons de la couverture (4) L'éros solaire indien
(5) Seins, hanches, ventres (6) Du bon usage de la zoophilie
(7) Université médiévale du tantrisme ? (8) Le rite de pénétration
(9) Bête humaine, animal humain

Deuxième partie
L'hédonisme shivaïte
136

(1) Une divinité hédoniste (2) Écosophie du phallus, théologie du crucifix
(3) Éloge d'un corps non-chrétien (4) L'érotisme shivaïte

Troisième partie
Pédagogie des corps
145

(1) Enseigner l'art d'aimer (2) *Kâma-sûtra* contre *Cité de Dieu*
(3) Construire une belle individualité (4) Un même plaisir pour deux sexes
(5) Pénis de lièvre, vulve d'éléphant (6) Les techniques érotiques

Conclusion
Pour un nomadisme sexuel
164

(1) Que faire ? (2) Sexe du surmoi, sexe du ça
(3) Sexe du moi rimbaldien (4) Les libidos disparates
(5) L'Encyclopédie du sexe (6) Phénoménologie neutre du sexe
(7) Les « fantaisies lubriques » (8) Pour une pédagogie du sexe
(9) Éloge de la pornographie (10) Une pornographie philosophique
(11) Liquider l'éros nocturne

Ouverture

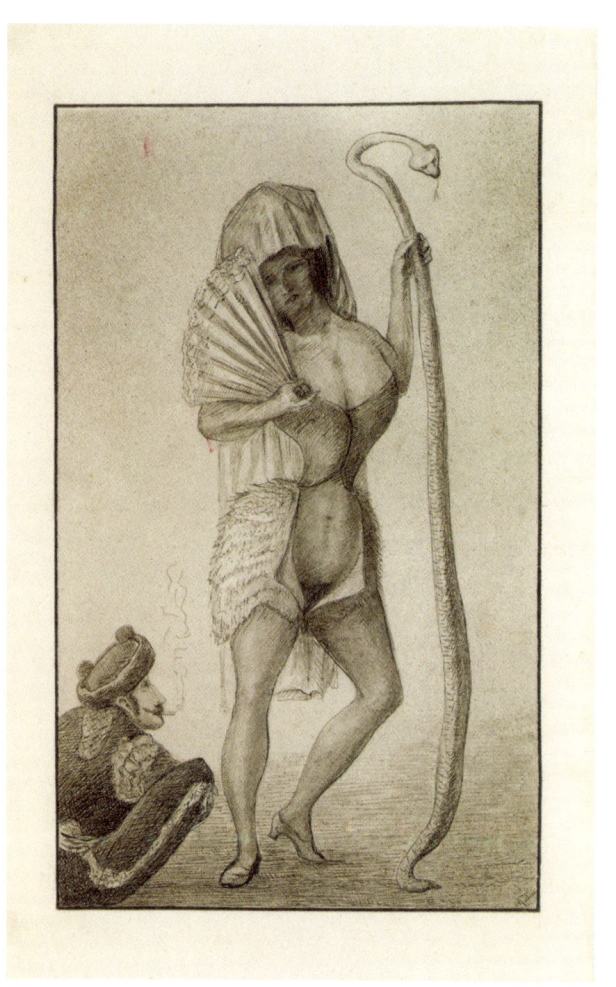

Alfred Kubin, *Dame au serpent*, 1900-1901

Ouverture
La vie sexuelle mutilée

1

De la misère sexuelle – Je crois cette érotique solaire nécessaire au vu et au su de la misère sexuelle généralisée. Le silence sur ce sujet empêche de mesurer l'étendue des dégâts, mais l'aveu d'une vie sexuelle misérable ne s'effectue que dans les dernières extrémités, dans le cas où des souffrances conduisent à s'allonger sur le divan d'un analyste, à pousser la porte d'un cabinet de sexologue, à consommer une pharmacopée d'antidépresseurs, d'anxiolytiques ou de somnifères auxquels on demande le paradis artificiel inaccessible par un usage adéquat du corps sexué.

Par ailleurs, je ne parle pas des criminels sexuels qui encombrent les prétoires des tribunaux et les cellules des prisons, transformés en monstres de notre modernité par la vulgate qui évite ainsi d'avoir à trouver bien plutôt monstrueuses les raisons sociologiques et culturelles qui conduisent l'un à violer des femmes, l'autre à sodomiser des petits garçons, un troisième à perpétuer des crimes en série afin de pouvoir jouir de ses victimes, et tant d'autres personnes incapables de vivre leur sexualité sans violences infligées à autrui.

À quoi il faudrait ajouter les névroses abondantes, le culte étendu des passions tristes, les mélancolies récurrentes, les états dépressifs chroniques, les formes pathologiques de délinquance relationnelle ou les somatisations génératrices de pathologies diverses et multiples. Aucune médecine digne de ce nom ne nie la logique psychosomatique. Qu'une vie sexuelle inexistante ou déplorable, problématique ou calamiteuse, pitoyable ou désastreuse, induise des effets sur la chair, voilà une évidence traitée sur le mode du déni dans notre civilisation.

De fait, envisager le sujet obligerait à mettre en question la construction sociale et ses soubassements judéo-chrétiens. Mieux vaut donc pratiquer le déni sur ce sujet et passer à autre chose. Voilà pour quelles raisons la pensée dominante préfère les enfumages de Lacan aux textes de Reich qui, quoi que l'on pense de sa fin illuminée, met en relation la libido et les conditions sociales et historiques dans lesquelles elle s'exprime ou ne s'exprime pas... La psychanalyse structuraliste de Lacan congédie l'histoire ; en revanche, le freudo-marxisme de Reich sait que le destin sexuel des individus s'y joue.

2
Reich avec Freud contre Lacan – D'où, chez Reich, une réelle poursuite de Freud, que l'on chercherait en vain chez Lacan. Le dernier Freud, celui de *L'Avenir d'une illusion* (1927), de *Malaise dans la civilisation* (1929), fait entrer plus nettement l'histoire du monde dans le champ psychanalytique : la religion y apparaît comme une névrose obsessionnelle universelle ; l'éducation religieuse des enfants y est montrée comme transmettant les formes et le contenu de cette névrose ; la sexualité réprimée par le monothéisme générant un refoulement dommageable et générateur de pathologies mentales ; à quoi il faut ajouter le rôle architectonique du principe de plaisir dans la construction de toute existence ; l'empêchement de la réalisation de ce principe par la civilisation, avec l'aide de la religion ; le besoin de psychotropes pour vivre cette perpétuelle castration sociale ; la servitude volontaire dans l'activité professionnelle comme déni du réel ; la politique comme réinvestissement du champ religieux, nouvelle illusion pour en combattre une autre ; l'infantilisation religieuse qui déconsidère ce monde pour survaloriser une fiction ; la production de maladies mentales en rapport avec la situation sociologique ; le mécanisme généalogique de la névrose comme réponse à l'exigence de renoncement à soi signifié par la société ; la relation entre augmentation de la civilisation et diminution de la liberté individuelle ; le dogme nécessaire à la construction de la société de l'amour hétérosexuel, monogame et génital, ainsi que la fidélité et sa puissance pathogène sur les individus ; la dialectique pulsion

Francesca Woodman, *Easter Lilies,* Boulder, Colorado, 1972-1975

Ouverture

Rudolf Koppitz, *Étude de mouvement*, 1927

de vie / pulsion de mort constitutive du réel ; Thanatos activé dans toute intersubjectivité, y compris amoureuse ; la toute-puissance des instincts ; l'inexistence de solutions collectives pour régler le problème du malaise dans la civilisation ; d'où, corrélat obligé, cette invitation hédoniste comme une solution possible : « Chacun doit chercher par lui-même la façon dont il peut devenir heureux. » Voilà la révolution initiée par le père de la psychanalyse. Freud disposait déjà de ces intuitions en 1908, date à laquelle il publie un petit texte intitulé *La Morale sexuelle « civilisée » et la maladie nerveuse des temps modernes*. On y découvre que le trajet normal qui conduit de l'autoérotisme de l'enfant à l'investissement sur un objet sexuel capable de permettre une relation intersubjective adulte se trouve enrayé pour beaucoup qui en restent, sur le terrain sexuel, au caractère primitif du plaisir solitaire. Disons-le autrement : nombre d'adultes vivent une sexualité d'enfant…

3

Frigides, asthéniques, angoissés — En lecteur averti de la « Métaphysique de l'amour », un moment fort du *Monde comme volonté et comme représentation* de Schopenhauer, Freud sait que l'amour n'existe pas, ou que, du moins, il cache la formidable puissance du vouloir-vivre qui prend, parmi d'autres formes, celle de l'instinct génésique visant aveuglément une seule et unique fin : la propagation de l'espèce afin d'assurer sa survie. On croit aimer, mais on agit en jouet de la nature qui nous conduit là où elle veut : faire des enfants, se reproduire, assurer la permanence des humains sur la planète… L'attraction de Roméo pour Juliette ne se nomme pas Amour, mais tropisme instinctif de reproducteurs. D'où les malentendus des malheureux pris dans les rets du mariage, un véritable piège tendu par l'espèce dans lequel tombent la plupart : on se marie en croyant associer sa vie à celle de sa moitié manquante, on jubile en croyant avoir trouvé l'*alter ego*, on construit une famille, on y accueille des enfants et, une fois cette fin réalisée, l'espèce satisfaite, plus rien ne justifie la liaison que la société entend voir se poursuivre jusqu'à la fin du premier des deux. D'où les psychopathologies associées à cet état de fait : névrose, psychose, affections mentales, malaises divers…

L'amour n'était donc que l'illusion cachant la force d'un instinct de reproduction ; la reproduction ayant eu lieu, le rideau tombe, et l'on découvre que la princesse ou le prince charmant portent des guenilles. Dans la meilleure des hypothèses, la passion pulsionnelle laisse place à de la tendresse, un lien affectueux et fraternel. Dans d'autres cas, elle se trouve remplacée par l'indifférence, le détachement. Mais parfois aussi surgissent des sentiments de haine, de mépris, de méchanceté, d'agressivité.

Dans ces situations, le déni fonctionne également. Mais le refoulement de ces vérités cruelles produit des somatisations, des pathologies, des malaises. Parmi ces somatisations, la frigidité. Freud écrit : « Il est fréquent de trouver la frigidité chez la moitié féminine des couples mariés dominés par la morale sexuelle civilisée qui est la nôtre. » Puis il parle des hommes « atteints d'anesthésie psychique, chez lesquels l'acte s'accomplit sans défaillance psychique, mais sans gain de plaisir particulier : ce sont des cas plus fréquents qu'on ne voudrait le croire », écrit l'homme qui a vu plus d'un patient s'allonger sur son divan…

Élargissant ses remarques à la société, Freud affirme également : « Pour un peuple, la restriction de l'activité sexuelle s'accompagne très généralement d'un accroissement de l'anxiété de vivre et de l'angoisse de la mort, ce qui perturbe l'aptitude de l'individu à jouir et sa préparation à affronter la mort pour quelque but que ce soit. » Autrement dit : la vie sexuelle indexée sur les principes de la morale dominante produit massivement des femmes frigides, des hommes sexuellement asthéniques, des peuples angoissés et anxieux.

La solution ? Vivre une sexualité en dehors du mariage, écrit Freud, mais la société ne le permet pas. Faut-il pour autant obéir à la société sur ce sujet ? Souvenons-nous également du Freud de *Malaise dans la civilisation*, qui renvoie chacun à lui-même quant à « la façon dont il peut être heureux »…

Le père de la psychanalyse vécut discrètement, morale bourgeoise et Vienne obligent, avec sa belle-sœur sous le toit familial, joignant ainsi le geste à la parole et vivant avec Mme Freud, son épouse, qui lui donna plusieurs enfants, une vie de tendresse et les conditions de possibilité de son œuvre.

4
Déchristianiser la morale sexuelle – On peut également, et l'on retrouve ici le projet de Reich, considérer qu'entre se changer ou changer l'ordre du monde, on peut éviter de choisir en affirmant que le problème est mal posé car se changer, c'est aussi changer l'ordre du monde, et changer l'ordre du monde, c'est également se changer. Dialectique plus subtile que celle dans laquelle Descartes enferme son lecteur en proposant dans son *Discours de la méthode* l'une ou l'autre solution.
Reich manifeste un optimisme plus grand que Freud qui, dans les textes de la fin, ne croit pas à la possibilité de changer la société ou l'ordre du monde. Le fascisme, le national-socialisme, le communisme saignent l'époque, et l'inventeur de la psychanalyse sait que l'on ne peut rien attendre de ce côté-là si l'on veut améliorer les choses. Pour sa part, il opte discrètement, et à mots couverts, pour un affranchissement personnel à l'endroit de cette « morale sexuelle "civilisée" »… Reich envisage *La Révolution sexuelle*.
Le problème n'est pas, ici, d'entrer dans le détail de la pensée de Reich, mais de proposer une contribution à la déchristianisation de la morale sexuelle, car le monothéisme sous le règne duquel nous vivons encore, malgré les fissures, les débris, les gravats, les décombres de plus en plus nombreux, a construit un corps chrétien que nous habitons encore sans nous en rendre compte : l'imprégnation de vingt siècles d'idéologie d'un christianisme qui déteste les femmes, le désir, les plaisirs, la chair, les corps, la sensualité, la volupté, génère un nihilisme de la chair qui reste la vérité de notre époque en matière de sexualité.

Introduction
Pour une philosophie des Lumières sensuelles

1

Le désir et rien d'autre — Si d'aventure on leur parle du nihilisme chrétien de la chair, de la misogynie de saint Paul, de l'épicentre phallocratique de l'Église catholique, apostolique et romaine, les chrétiens militants rétorquent toujours que l'on se trompe en associant christianisme et mépris des corps, de la chair, des désirs, des passions, des pulsions, de la sexualité. Parfumés à l'eau bénite, ils jubilent, sûrs de leur effet catéchétique, mais dégainent toujours un seul et même pitoyable argument réduit à un titre brandi comme un viatique : le Cantique des cantiques !

Eh bien, parlons-en de ce fameux texte de l'Ancien Testament ! Car ces cent dix-sept versets doivent leur présence dans le corpus du canon biblique à un malentendu datant du Ier siècle de notre ère : celui d'une lecture allégorique et symbolique qui, construite sur une série de dénégations, refuse de considérer que la jeune bergère noire shoulammite n'est pas une jeune bergère noire shoulammite, le bien-aimé un bien-aimé, les caresses des caresses, les baisers des baisers, moyennant quoi, ce texte finit par être acceptable pour l'âme chaste des chrétiens, puis par être intégré dans le corpus officiel où il brille toujours d'un feu pâle. À défaut de cette méprise, ce poème aurait rejoint les milliers de pages reléguées dans le placard des écrits dits apocryphes…

De la sorte, et grâce à ce déni qui convoque l'allégorie, le symbole, la métaphore, le texte se lit au second degré, sinon à de prétendus degrés bien supérieurs encore de complexité que seuls les prêtres, les guides, les gourous peuvent expliciter. Selon ce tour de passe-passe intellectuel et rhétorique, le Cantique des cantiques ne parle ni d'un gardien de moutons ni d'une bergère noire, mais, pour les Juifs, de Yahvé et de Dieu et, pour les chrétiens, du Christ et de son Église. De sorte que Yahvé a des

Introduction

Maître L. Cz., *La Flagellation du Christ*, 1490-1500

seins, une bouche, des dents, qu'il embrasse son peuple avec des baisers parfumés comme du vin, ou que le Christ attend sur sa couche l'arrivée de l'Église avec des frémissements, des tremblements et des ardeurs d'amoureux transi…

Arrêtons ce délire d'interprétation et ne convoquons l'allégorie et le symbole qu'à bon escient, dans les limites de la raison, en excluant tout usage sophistique, comme c'est si souvent le cas chez les affidés chrétiens qui s'accrochent aux branches de la théologie, ou de l'herméneutique et de la phénoménologie, leurs formules postmodernes, pour faire dire aux textes ce qu'ils ne disent pas, voire pour éviter qu'ils disent vraiment ce qu'ils disent.

2

Le prince charmant et la bergère – Le Cantique des cantiques n'est pas un traité célébrant Éros, mais un poème vantant le mariage chrétien qui suppose la chasteté et la contention du désir qui ne doit pas déboucher sur le plaisir. Car la bergère ne jouit jamais autrement que du désir, de ce qui va advenir avec le gardien de moutons qu'elle attend : elle est vierge (VII, 14) et attend celui qui deviendra son mari. Les deux protagonistes, outre qu'ils procèdent de la mythologie qui précède – l'*Épopée de Gilgamesh* ou, plus tard, le mythe grec d'Éros et Psyché… –, brodent sur le canevas du berger pensé comme un prince charmant, le roi Salomon, et de la bergère, ce dont Grimm, Perrault et Andersen feront le meilleur usage…

Pour ma part, je lis ce texte comme emblématique de l'éros judéo-chrétien à venir avant que le paulinisme triomphe comme version officielle dans l'Église catholique et qui se définit par cette phrase : le plaisir le plus achevé se résume et se limite au désir du plaisir. Certes il est question de baisers et de caresses, mais de rien d'autre… Nul autre horizon en dehors de ces gestes propédeutiques qui renvoient le poème du côté du marivaudage, de l'art de bien parler à l'objet de son désir, de lui causer, de le désirer,

Introduction

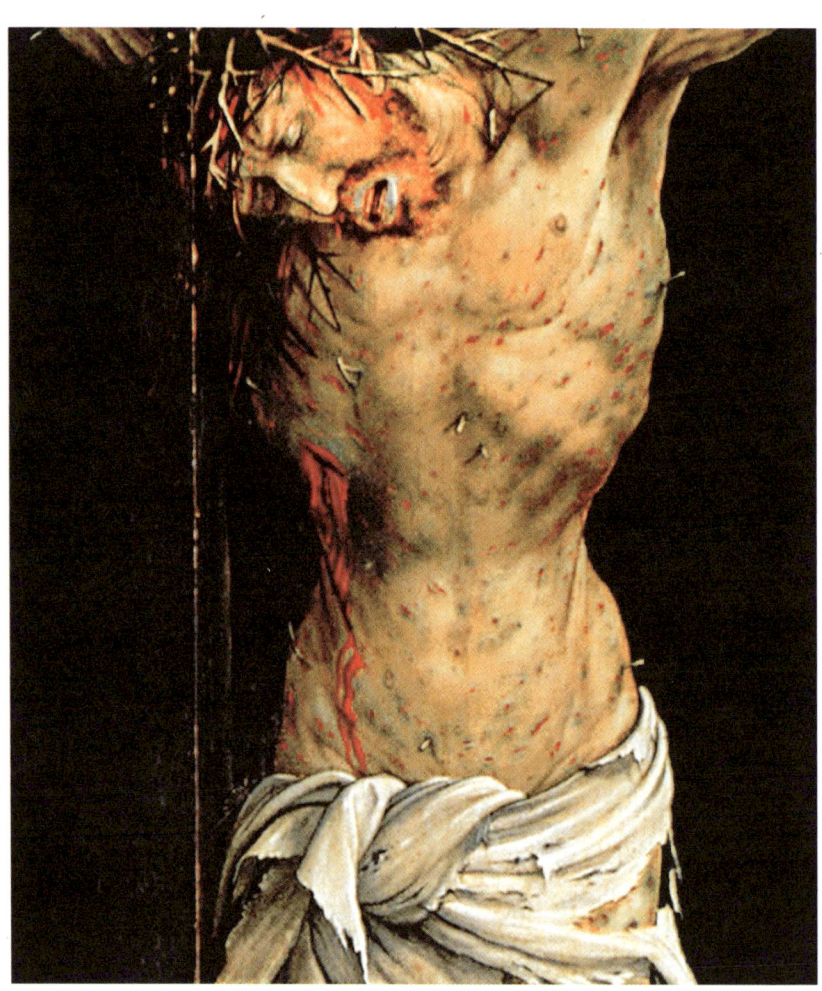

Mathias Grünewald, *La Crucifixion* (détail), 1515

d'attendre, d'espérer, de versifier, de s'exciter verbalement, de chanter les louanges, de trousser des vers à défaut d'autre chose.

À un moment même, l'amoureuse s'écrie : « Que n'es-tu pour moi comme un frère qui aurait sucé les seins de ma mère ? » (VIII, 1). On a vu plus déchaîné comme fantasme amoureux... Le Cantique des cantiques triomphe en *machine du désir* – mais sûrement pas en *traité du plaisir*. Logiques de beaux parleurs, de voyeurs et d'exhibitionnistes, mais sûrement pas de toucheurs : réduire le plaisir au seul désir est le plaisir des petites santés. Et le christianisme porte au pinacle les petites santés. Le fond mièvre qui célèbre le désir de l'aimé se double d'une forme niaise qui relève du collégien s'exerçant à composer son premier poème... Une petite analyse de texte, pour rire ! Le poète recourt à des comparaisons qui font sourire ou s'esclaffer : l'amoureuse transforme son amoureux en pommier, en gazelle, en faon, ses yeux sont des colombes, les cheveux un troupeau de chèvres, les dents « un troupeau de brebis tondues », le cou une tour de David, la joue une tranche de grenade, le ventre un tas de blé, la taille un palmier, le nez une tour du Liban, les seins de la bergère, vue par le berger, sont « deux faons jumeaux d'une gazelle », et autres métaphores involontairement burlesques... Ce poème fait songer aux vers de mirliton écrits par Ragueneau, le pâtissier de *Cyrano de Bergerac*, mais pas aux *Rubbayats* d'Omar Khayyâm ! Encore moins aux traités de l'oreiller coutumiers en Inde, en Chine et au Japon.

Le Cantique des cantiques illustre la version la plus osée de l'éros judéo-chrétien : plaisir du désir, attente de l'époux, éloge de la virginité de la mariée, réduction des relations corporelles aux baisers et caresses du mari à sa femme, inscription du projet sensuel dans la stricte perspective nuptiale. Le discours ne contrevient pas à la doctrine paulinienne – si l'on se souvient que Paul énonce l'idéal (virginité, chasteté, continence), mais qu'à défaut d'héroïsme pour tous demain, il consent aujourd'hui au mariage.

3

L'imprégnation chrétienne – L'imprégnation chrétienne, au sens éthologique du terme, va bien au-delà de la visibilité de l'Église catholique. À la manière dont l'oie cendrée adulte de Konrad Lorenz se croit libre parce qu'elle ignore les causes qui la déterminent – soyons spinozistes jusque dans la mare aux palmipèdes… –, dont les plus radicales relèvent des premiers moments de sa vie au cours desquels elle a suivi, obéi et qui constituent une empreinte définitive pour le restant de son existence, les hommes ont bu le lait chrétien au sein de la société dans laquelle ils ont vu le jour.

Car l'Europe est chrétienne. Ses fondations le sont, sa nature, son être, son développement, sa décadence, sa fin relèvent de l'histoire du christianisme à laquelle elle se confond. Depuis la conversion de Constantin en 321 et le devenir chrétien de l'Empire, avec le concile iconophile de Nicée en 787 qui détermine l'orientation propagandiste chrétienne de l'art occidental pour mille ans, en regard de la morale enseignée par les prêtres qui disposent du monopole de l'éducation eux aussi pendant un millénaire, vu la morale républicaine, apparemment antichrétienne, mais qui arrête ses contenus en laïcisant les enseignements chrétiens (voir Kant, *La Religion dans les limites de la simple raison*, mais surtout la *Critique de la raison pratique*, le cantique des kantiens…), l'imprégnation chrétienne me paraît manifeste. Y compris chez les agnostiques ou les athées.

La *pédagogie* est imprégnée de christianisme : l'apprentissage dans la douleur ; le refus de toute école ludique ; le règne disciplinaire au quotidien ; le mépris du corps dans l'emploi du temps ; l'apprentissage de l'obéissance et de la soumission plus que de l'intelligence ; la docimologie comme art de dissimuler les véritables attendus de l'Éducation nationale (fabriquer des sujets) ; le dressage sur le mode autoritaire en vertu du principe paulinien que tout pouvoir vient de Dieu, etc. La *morale* laïque est imprégnée de christianisme : les dix commandements donnés par

Dieu deviennent les mêmes dix commandements, mais donnés par les hommes ; le devoir d'amour du prochain coïncide avec l'invite républicaine à la fraternité ; la Cité de Dieu fournit le modèle à la Cité des Hommes avec sa hiérarchie – que définit étymologiquement le pouvoir du sacré, etc. La *politique* est imprégnée de christianisme : le monarque de droit divin laisse place au monarque républicain oint par le suffrage universel, parole du peuple comme il y avait parole de Dieu, mais le pouvoir est toujours nimbé de sacré, de religiosité, etc. La *justice* est imprégnée de christianisme : croyance dévote au libre arbitre chrétien ; indexation de son schéma contemporain sur celui, biblique, de la faute, du péché, de la responsabilité, de la punition, de l'expiation, de la rédemption ; désir d'inscrire la sentence dans la chair du coupable transformé en supplicié ; foi dans le pouvoir « salvifique » de la douleur, etc. L'*art* est plus qu'imprégné de christianisme, puisque pendant des siècles il en est le messager, le véhicule, le média, et continue de l'être dans les performances contemporaines : voir les mutilations courantes dans l'art corporel ; la communion d'une hostie faite avec un boudin de sang humain chez Journiac ; la perpétuelle scénographie du rituel catholique chez Hermann Nitsch, la figure emblématique de l'actionnisme viennois ; les mutilations de Marina Abramovic, etc. La *médecine* est imprégnée de christianisme : longtemps entre les mains des religieuses, les antalgiques, les analgésiques et tout traitement antidouleur passaient pour des auxiliaires du diable qui empêchaient de vivre la maladie et la souffrance comme une grâce, une bénédiction, une occasion de s'identifier à la Passion du Christ, donc d'imiter Jésus dans son chemin de croix ; d'où les oppositions farouches dans les pays catholiques à la légalisation de l'euthanasie, doublées d'une franche célébration des soins palliatifs confisqués par les néochrétiens mâtinés de psychologues à auréole, sans parler de l'immonde « droit à laisser mourir » de la législation française, qu'il faudrait mieux nommer le « devoir de souffrir » jusqu'au bout…

Cette liste mériterait, bien sûr, une série d'ouvrages appropriés pour montrer chaque fois combien, hors fréquentation des églises, indépendamment de la courbe du nombre de baptêmes ou des inscriptions sur les listes des évêchés, sans prendre en considération l'enseignement religieux, le catéchisme, il existe toujours une imprégnation chrétienne dont nous ne nous rendons pas compte, car elle est devenue invisible, inconsciente, bien qu'elle détermine nombre de nos comportements avec nous-mêmes, autrui et le monde.

4

Vers une philosophie des Lumières sensuelles — Ce livre propose de suivre la construction de l'imprégnation chrétienne sur le terrain du corps, de la sensualité et de la sexualité. Car la conversion de Constantin induit celle de l'Empire, donc de toute l'Europe. Les conciles aidant, l'Église catholique, apostolique et romaine consent à mi-mot à l'éros de la volupté minimale de l'amour marital tel que le met en scène le Cantique des cantiques, mais lui préfère une brutalisation forcenée des corps. Vingt siècles de christianisme fabriquent un corps déplorable et une sexualité catastrophique.

À partir de la fable d'un Fils de Dieu incarné en Fils de l'Homme, un mythe nommé Jésus sert de premier modèle à l'imitation : un corps qui ne boit pas, ne mange pas, ne rit pas, n'a pas de sexualité, autrement dit, un *anticorps*. La névrose de Paul de Tarse, impuissant sexuel qui aspire ardemment à élargir son destin funeste à l'humanité tout entière, débouche sur la proposition d'un second modèle à imiter : celui du corps du Christ, à savoir : un *cadavre*. Sur le principe de cette double imitation, un anticorps angélique auquel on parvient en faisant mourir son corps au monde, les Pères de l'Église, dont saint Augustin, développent une théologie de l'éros chrétien constitutif d'un *nihilisme de la chair*. Le modèle de jouissance devient le martyr qui jubile de souffrir et de mourir

La Plaie du Christ, bréviaire de Bonne de Luxembourg, duchesse de Normandie, 1345

Introduction

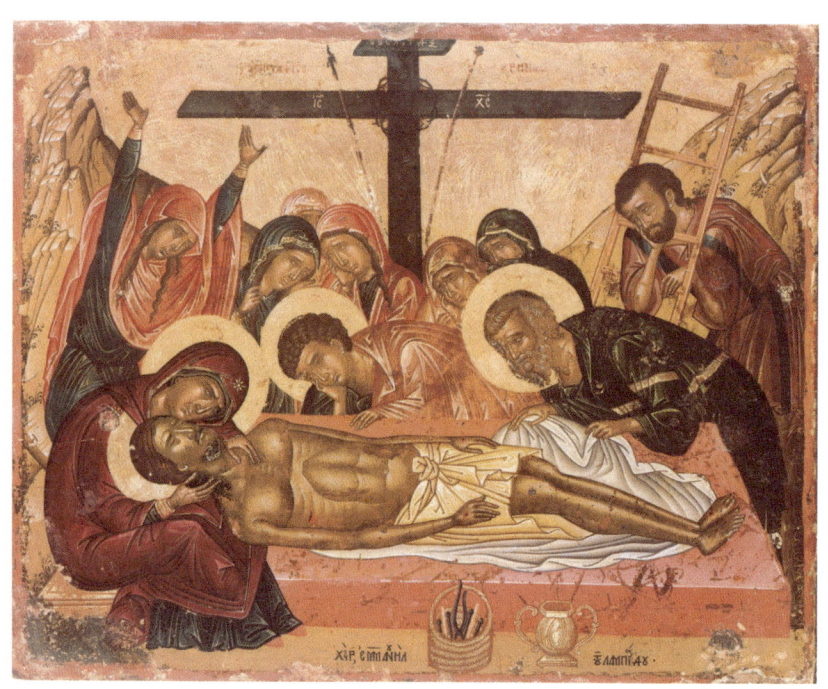

Emanuel Labardos, *La Déposition de la Croix*, 1350

pour gagner son paradis. Une seconde théologie de l'éros chrétien passe par Sade et Bataille, deux défenseurs inattendus de l'éros nocturne paulinien : identité de la souffrance et de la jouissance, mépris des femmes, haine de la chair, dégoût des corps, volupté dans la mort...

L'antidote à ce nihilisme de la chair se trouve dans le *Kâma-sûtra* de Vâtsyâyana, un contrepoison violent au venin des Pères de l'Église. Sous le soleil de l'Inde, l'érotisme solaire suppose une spiritualité amoureuse de la vie, l'égalité entre les hommes et les femmes, les techniques du corps amoureux, la construction d'un corps complice avec la nature, la promotion de belles individualités, masculines et féminines, afin de construire un corps radieux pour une existence jubilatoire.

De quoi proposer une *philosophie des Lumières sensuelles* dans un monde où règne encore le *nihilisme chrétien de la chair*. Elle énonce un éros solaire et léger, libertaire et féministe, contractuel et jubilatoire, qui se construit sur des valeurs nouvelles : douceur, tendresse, prévenance, délicatesse, générosité, don, partage, libéralité, prodigalité, attention, élégance, de quoi constituer une politesse des corps, une bienveillance des chairs, une volupté sensuelle des âmes matérielles, le tout dissociant le corps des entraves de la monogamie, du mariage, de la fidélité, de la cohabitation, de la génération.

I Première théologie de l'éros chrétien
Généalogie de l'éros nocturne

Première partie
L'anticorps du Christ

1

Notre odeur de mort – Nous vivons depuis deux mille ans dans une civilisation construite sur la fable de l'existence historique de Jésus. Cette légende se développe sous forme de névrose par l'entremise de saint Paul, qui entreprend d'étendre sa pathologie à la dimension du monde par le zèle de sectateurs persécutés, devenus dévots persécuteurs grâce à Constantin, grand seigneur méchant homme, fort opportunément converti au délire des disciples de Chrestos dans l'unique dessein de restaurer l'unité perdue d'un Empire moribond. Sous l'effet de ce dispositif historique, ce cadavre impérial devient un nouvel empire sous le nom d'Europe.
Toute cette histoire de presque deux mille ans serait risible si elle n'avait produit un *corps chrétien* avec lequel, chrétiens ou non, nous comptons encore pourvu que nous évoluions dans cette géographie mentale européenne. La marque chrétienne calcine encore la chair du croyant et de l'athée, de l'agnostique et du mécréant, du pape autant que du fidèle des offices du dimanche matin. Nous habitons un corps chrétien que toute philosophie digne de ce nom, pourvu qu'elle se pense encore dans le sillage des Lumières et de son entreprise critique, devrait déchristianiser. Le Nouveau Testament ne s'est pas contenté de proposer une doctrine de salut construite sur un ensemble de fables propagées par les Évangiles retenus par les conciles, aux ordres du pouvoir impérial, parmi une multitude de fictions possibles. *Via* le corpus paulinien, il a également répandu un discours de haine du monde, de déconsidération de la matière, de refus du corps et de discrédit de la vie, qui contamine

notre rapport à nous-mêmes, donc aux autres, c'est-à-dire au monde. La détestation du corps, de la chair, de la sexualité, de la sensualité, des désirs, des passions, des pulsions, de la femme, des femmes, du féminin, a transformé notre monde en vallée de larmes, en perpétuelle punition, en enfer. Les seuls biens dont nous disposons sûrement – notre courte vie, notre corps dérisoire – se trouvent précipités dans un holocauste fondateur d'une religion nihiliste appelée à produire une civilisation elle aussi nihiliste, la nôtre. Le corps chrétien brûle d'un éternel feu infernal, il paie d'une réelle damnation une histoire infantile nommée *péché originel*. Deux mille ans ou presque plus tard, la chair postmoderne sent encore le soufre satanique. La sexualité se vit comme une malédiction sous le signe de névroses qui empuantissent le quotidien d'une nuée de zombies, hommes et femmes devenus dévots des passions tristes, consumés dans la componction, la mélancolie, l'angoisse et autres modalités de la haine de soi – un ferment dangereux, car il génère la haine des autres, puis du monde. Les divans des psychanalystes croulent sous le poids d'âmes mortes.
La civilisation chrétienne s'est construite sur la haine de la pulsion de vie et sur la célébration de la pulsion de mort. Rare exemple d'un nihilisme devenu civilisation dans l'histoire ! La transformation en puissance active de ce culte de la négativité semble sans précédent. Elle paraît un coup d'État ontologique extravagant, tant l'amour de la destruction semble peu propice à la construction… Comment en effet produire une vision du monde à partir du culte d'un cadavre crucifié, mutilé, blessé, mortifié, déchiqueté ? Un mort transfiguré en signe emblématique du vivant, voilà un paradoxe métaphysique qui réussit malgré tout, en dehors de toute saine raison, à donner naissance à une vision du monde largement diffusée depuis sur la planète… Nous vivons à l'ombre de cette croix maudite. Et notre corps sent encore l'odeur de mort de la charogne d'un mythe – sinon du mythe d'une charogne. La civilisation chrétienne, comme toute fondation dynastique, a commencé par un sacrifice, celui d'un prétendu Fils de Dieu paradoxalement fait

homme. Elle se poursuit par l'holocauste renouvelé de toute figure humaine depuis la crucifixion du mythe en question. Des milliards d'hommes et de femmes sur tous les continents, sous toutes les latitudes, à toutes les époques, sont devenus des offrandes au Dieu cruel : un flux continuel de sang répandu, de larmes versées, d'humeurs dilapidées. Des dizaines de millions d'individus imitent le corps d'un supplicié pour lui ressembler, afin d'obtenir le fantomatique destin de cette fiction : l'immortalité, la vie éternelle, l'incorruptibilité d'un corps glorieux. Autrement dit : les candidats à la destruction de soi aspirent à un anticorps échappant aux lois du corps.

Le christianisme a nié le corps, les corps ; il a exigé le célibat, la continence, la chasteté ; il a théorisé la haine des femmes, construit un édifice conceptuel misogyne et phallocrate ; il a voué aux gémonies l'invention de l'intelligence, une production explicitement signée par Ève ; il a célébré le corps malade, mutilé, maltraité, avili ; il a joui du martyre ; il a transformé la sexualité en malédiction ; il a persécuté à mort tout amant de la vie, tout amoureux des corps, tout passionné de l'existence ; il a célébré le nihilisme comme le sens le plus certain de la terre ; il a fâché les hommes avec le monde, sa matière, sa prose, sa chair ; il a fustigé l'érotisme, une création satanique, infernale, démoniaque, une perversion des anges déchus ; il a préféré l'anticorps d'une fiction à la beauté des corps réels ; il a sali la chair ; il a craché sur le visage des femmes ; il a sali leurs ventres et discrédité le sang vivant qui s'en écoule ; il a décrété l'impureté des sexes féminins, ces fleurs de chair sans pareil ; il a rendu impossibles les caresses solaires, les baisers de lumière, les tendresses charnelles, les voluptés partagées : il a inventé un éros nocturne dans la nuit duquel nos corps gisent toujours comme dans un linceul sans aromates...

2

Une fiction nommée Jésus – J'ai parlé quelques pages en amont de « fiction » pour caractériser Jésus. La place manque pour raconter pourquoi et

1 Première théologie de l'éros chrétien

Angelo di Cosimo Bronzino, *Noli me tangere*, 1560-1562

comment. Le *Traité d'athéologie* a été l'occasion pour moi d'en donner les détails et de m'attarder sur la forgerie de la mythologie chrétienne : le climat apocalyptique, millénariste, juif, gnostique, sectaire de l'époque dans la zone géographique concernée ; le nom de Jésus à l'étymologie programmatique du héraut de cette aventure ; une identité forgée après coup en regard des annonces vétérotestamentaires, afin de faire coïncider l'annonce du Messie et la biographie d'une figure ; une quantité incroyable d'invraisemblances historiques dans le corpus évangélique ; l'absence de témoignages historiques sur ce prétendu événement et l'ajout tardif par des moines copistes de références dans les textes d'historiens romains, présentés comme originaux ; des anomalies archéologiques, Nazareth n'existant pas à l'époque où son plus célèbre ressortissant y voit le jour ; et nombre d'autres arguments qui confirment la thèse de Jésus comme création tardive d'un personnage conceptuel, au même titre qu'Apollonius de Tyane, le héros du roman de Philostrate, ou bien Gavroche, sinon madame Bovary. Jésus de Nazareth définit une figure littéraire à même de porter un roman historique devenu fable religieuse, puis mythologie de civilisation. Je ne reviens pas là-dessus et renvoie aux développements de mon livre.

En revanche, je m'attarderai plus particulièrement sur le corps de Jésus, car en abordant ce sujet, on confirme la thèse d'un Jésus de papier, d'un messie de mots, d'un héros de saga. Or ce corps ne manque pas d'intérêt pour aborder notre quête d'un éros solaire, car *corps de Jésus* et *corps du Christ* (ce qui n'est pas la même chose) fournissent deux modèles proposés à l'imitation par plus d'un millénaire de civilisation chrétienne. Autrement dit : deux occasions de névroses concomitantes.

En effet, le christianisme enseigne qu'il faut viser la ressemblance du corps de Jésus, celui d'un ange, et du corps du Christ, celui d'un mort. D'où la double proposition de l'éros chrétien : d'une part la virginité, la chasteté, la continence, d'autre part le martyre, la Passion, la souffrance.

I Première théologie de l'éros chrétien

Anonyme, *Vierge avec l'Enfant Jésus*, 1937

Le christianisme veut ses sujets vierges ou morts. Un idéal réunit les deux : une femme à l'hymen préservé jouissant d'être dévorée par un lion après avoir jubilé d'être démembrée, torturée, suppliciée – la saint-sulpicienne Blandine martyrisée à Lyon sous le règne de l'empereur philosophe Marc Aurèle… Jacques de Voragine propose ce genre de destin à l'imitation avec sa *Légende dorée*, un best-seller européen pendant au moins trois siècles. J'y reviendrai.

3

L'anticorps du Christ – De sa naissance à sa mort, en passant par la totalité de ses faits et gestes, le corps de Jésus se révèle un anticorps. Je parlerai volontiers de la fumisterie de l'incarnation à laquelle renvoient les chrétiens zélés pour tenter de (me) persuader que Jésus, Fils de Dieu se faisant homme parmi les hommes, choisit la chair et la matérialité humaine pour porter sa fable. De cette prétendue incarnation ils déduisent qu'avec le christianisme, il n'existe pas de religion plus charnelle, incarnée, hédoniste même pour qui saurait *voir* plus loin. Récemment, des phénoménologues distingués ont mis leurs fumées au service de cette ineptie de la corporéité d'un corps incorporel !
Le christianisme aimerait donc la chair, bien sûr, puisque Jésus endosse le vêtement de peau du plus humble des hommes ; le christianisme ne détesterait pas les plaisirs – quelle idée ! –, puisque le futur Christ consent à ce que Marie Madeleine, la sœur de Lazare, lui lave les pieds avec une livre de parfum pur de grande valeur qu'elle essuie ensuite avec ses cheveux ; le christianisme ne serait pas misogyne – quelle extravagance ! –, puisque Jésus se met du côté de la femme adultère et renvoie chacun à sonder son âme pour y mesurer sa noirceur…
Sauf que, dans tous ces cas de figure, comme partout ailleurs, le corps en question fonctionne en icône conceptuelle, en support à un discours : il n'existe dans les Évangiles qu'un corps de Jésus allégorique, métaphorique,

symbolique, spirituel. Sa chair est oxymorique : une chair désincarnée, un corps incorporel, une matière immatérielle (un corps sans organes pour un clin d'œil dans la direction d'Artaud et de Deleuze…). Ces extravagances irrationnelles et déraisonnables deviennent dans l'eschatologie de la mythologie chrétienne un corps glorieux, celui qui revient après le Jugement dernier au croyant assez névrosé pour avoir choisi la mort lente de son vivant. Le corps humain de Jésus ? Pendant trente-trois années, il ne mange ni ne boit, hormis du symbole, il ne copule ni ne rit, il ne défèque ni n'excrète. Son goût pour les parfums sur les pieds ? Six jours avant la Pâque, la scène annonce la Cène et la Passion à laquelle il se sait destiné : Marie Madeleine annonce le geste qu'elle fera après la mort du Crucifié avec la myrrhe et l'aloès. L'amour des femmes ? Le pardon accordé par Jésus à la femme adultère ne vaut pas consentement au péché, pas plus il ne prouve que Jésus l'ait pratiqué ou défendu, mais il fournit l'allégorie d'un réel péché pour montrer la nécessité du pardon…

4

Un corps de peinture – Ce corps allégorique dont j'ai écrit qu'il était de papier et de concepts, j'aurais tout aussi bien pu dire qu'il était de peinture : car la mythologie chrétienne se propage grâce à l'art qui, pendant plus de dix siècles, véhicule les images de la propagande religieuse en quantités industrielles – si je puis dire… La peinture joue un rôle considérable, certes, mais également les mosaïques, les sculptures, les vitraux, les bronzes, les ivoires, les bois, les orfèvreries, les enluminures, les gravures, et tous autres supports esthétiques comme la musique avec les cantates, les oratorios, les pièces d'église. L'histoire de l'art occidental se résume pendant un millénaire à l'unique propagande de la religion chrétienne.
Ainsi, les peintures du corps du Christ montrent la plupart du temps une incarnation fantasmagorique dans l'enveloppe charnelle d'un aryen

emblématique, version *Essai sur l'inégalité des races humaines* d'Arthur de Gobineau : grand blond aux yeux bleus, barbe claire, nez aquilin, peau blanche, laiteuse, autrement dit, pas grand-chose à voir avec le type sémite qui, en bonne logique, aurait été celui du fameux Jésus de Nazareth qui, bien que Fils de Dieu, mais surtout Fils de l'Homme, aurait dû historiquement arborer le poil noir, le cheveu crépu, la peau mate, le nez busqué, le regard sombre de ses compatriotes nés à Nazareth ou à Bethléem (selon Matthieu et Luc), une terre de Galilée, donc de Palestine. Jésus ressemble moins à Joseph, son père putatif, qu'au peintre européen qui le figure – et lui donne figure.

La fiction du corps de Jésus se transmet par l'iconographie occidentale : elle montre à l'envi que l'homme fait Dieu à son image et que, selon l'excellente remarque de Spinoza dans une lettre à Hugo Boxel, si le triangle devait se faire une image de Dieu, il se la ferait triangulaire. La chair de Jésus analysée, on y trouve du concept, du papier, des mots, de la peinture, du marbre, de l'or, du bronze, de l'encre, mais rien qui ressemble à du sang, de la chair, de la lymphe, de la viande – sauf quand il s'agira du corps du Christ, à savoir : du cadavre de Jésus, le revers de la médaille.

5

Vierge et mère – Dès sa naissance (il faut bien frapper les esprits…), le corps de Jésus ne procède pas des lois qui régissent habituellement le corps des hommes. Fils de Dieu il est, Fils de Dieu il reste, même et surtout quand il se présente comme Fils de l'Homme… Rappelons pour mémoire aux innocents et aux étourdis que, jusqu'à nouvel ordre, toute conception humaine suppose un géniteur avec des spermatozoïdes et une génitrice avec un utérus. Ajoutons que la mise en contact des organes génitaux du père et de la mère, en l'occurrence Joseph et Marie, est bien venue pour produire un œuf dont découle un enfant qui, s'il est homme, et même s'il marche sur les eaux, doit obéir aux lois communes de l'espèce puisque notre Jésus s'en veut un membre éminent. On se proclame homme parmi les hommes mais, peu regardant sur la contradiction ou la cohérence rationnelle, on vit en Dieu parmi ceux-ci... Chair divine ne saurait mentir ! Dans la peinture du Tintoret, sise église San Rocco à Venise, le sperme prend l'allure d'une colombe. En effet, le peintre figure ainsi le Saint-Esprit lors de l'Annonciation : là où tout Fils de l'Homme procède de l'émission d'un banal liquide spermatique, le Fils de Dieu tombe du ciel sous la forme d'un colombidé – dont le pigeon fait aussi partie. La voix qui annonce à Marie que, malgré sa virginité, elle enfantera, provient d'un ange, autrement dit de l'incarnation même de l'anticorps : une chair sans chair, malgré tout dotée sur les omoplates d'un appendice de colombe. Probablement les ailes du désir...

Si le père de Jésus est une colombe, sa mère se voudrait une oie blanche, car elle enfante sans coucher avec Joseph. Matthieu rapporte que le charpentier, pas si sot que ça, envisage tout de même de répudier son épouse enceinte sans son concours. La colombe lui reste en travers de la gorge. Un ange lui apparaît en songe, multipliant ainsi les écrans de fumée ontologiques, et lui annonce que le principe séminal se nomme « Esprit Saint » – colombe pour le chrétien qui croit aux miracles, pigeon pour le philosophe qui voit imposture...

L'ombre de l'ange, lui-même fumée apparaissant dans un songe, dit au charpentier marri : « La vierge sera enceinte » (Matthieu I, 23). Cette réplique de mauvais film prêterait à sourire si cette annonce ne devait générer des siècles de catastrophes pour le corps des femmes. Car l'oxymore de la *vierge enceinte* réjouit l'amateur de rhétorique, certes, mais il contrarie l'homme du commun auquel on propose une contradiction comme modèle, et à qui l'on offre ce cadeau empoisonné d'un impossible idéal de la raison appelé de ce fait à nourrir la culpabilité, la mauvaise conscience, l'angoisse, la tristesse, l'inquiétude, l'incapacité à toute sérénité de toute âme simple et désireuse de bien faire.

Le Tintoret, *L'Annonciation*, 1583-1587

Depuis cette fantaisie funeste, le christianisme invite les femmes à enfanter tout en restant vierges, à donner naissance à une descendance en demeurant chastes, à mettre au monde en se refusant aux logiques du monde, à perpétuer l'espèce dans le même temps qu'elles échappent à ses lois. Comment ne pas imaginer les ravages ontologiques, les destructions métaphysiques d'un être voué à incarner en se désincarnant ? Le destin de femme réduit à celui d'*épouse chaste*, puis de *mère vierge*, agit comme une malédiction lancée sur le corps et l'âme des femmes.

6

Charnel et désincarné — Le corps de Jésus échappe donc aux lois naturelles dès sa conception. La suite confirme : le restant de sa vie propose une série de variations sur ce corps qui triomphe en anticorps, sur cette chair sans matière. L'enfance passe à la trappe, du moins dans les Évangiles retenus par les différents conciles qui sélectionnent les fables les plus à même de nourrir le mythe avec les histoires les plus magiques. Des Évangiles décrétés apocryphes montrent Jésus enfant, jouant de son talent pour mettre à mort puis ressusciter : on le voit jubilant d'expérimenter ses dons de thaumaturge. Mais l'apprenti démiurge manque d'épaisseur spirituelle et l'on songe par trop au magicien. Dès lors, l'Église officielle écarte ces textes incompatibles avec la légende à construire, fortifier et propager.

Laissons de côté l'épisode au cours duquel, âgé de douze ans, Jésus en remontre aux docteurs du Temple sur leur sujet, ce qui, transcrit dans les références contemporaines, donnerait un élève de sixième battant à plate couture sur son domaine — le statut de l'historial dans *Être et Temps* de Heidegger par exemple... — un professeur d'université. Preuve, s'il en fallait encore, qu'en matière de corps d'exception, le cerveau chez Jésus ne semble pas le dernier organe servi. Même remarque avec les tentations du désert, épisodes au cours desquels Jésus montre une aptitude tout inhumaine à résister aux sollicitations du démon. Le corps sublime l'est tout le temps, ou il n'est pas.

Arrêtons-nous bien plutôt sur ce que le Fils de l'Homme mange afin de montrer la nature purement allégorique de sa chair. Car Jésus consomme exclusivement des nourritures spirituelles, des aliments symboliques, mais jamais rien qui, genre olives ou purée de pois cassés, semoule ou loukoums, soulignerait son parti pris humain très humain de Galiléen sur sa terre et dans son temps. Le Fils de la Vierge et de la colombe mange et boit de la parabole – comme il convient à une créature de papier.

Le pain annonce la chair du Christ ; le vin, son sang. Autrement dit, tout annonce la Passion, comme dans l'épisode des parfums de Marie Madeleine. Toute l'histoire des Évangiles converge vers la crucifixion, car la vérité du corps de Jésus se trouve dans le corps du Christ : la chair humaine de Jésus reste très en deçà de l'humain, elle trahit toujours sa véritable nature qui est divine. Jésus fonctionne en épicentre du mythe autour duquel s'agrègent les variations constitutives de la légende.

Le levain du pain raconte la puissance de fermentation consubstantielle au processus de multiplication, de vie, de potentialités décuplées, ceci sur le terrain boulanger, certes, mais aussi, métaphoriquement, sur celui de l'Église à venir : le pain, nourriture substantielle et de base des hommes, vaut comme l'aliment allégorique de l'Église à venir appelée à la croissance et à la multiplication, à la manière dont le levain permet avec un pain d'en produire d'autres par ensemencement avec la flore bactérienne.

Selon un principe symbolique identique, le vin évangélique est moins la boisson des œnologues que l'occasion d'une nouvelle métaphore : le sang de la vigne coule, rouge, comme celui du Christ répandu sur sa Croix pour, dit-on, racheter les péchés du monde. Le pain annonce l'Église exponentielle, le vin la Passion à venir. Dans cet ordre d'idée, les épisodes de multiplication des pains et de transformation de l'eau en vin aux noces de Cana filent la métaphore : ils signent moins une prouesse gastronomique qu'un talent certain pour construire des allégories et les porter jusqu'à leur point d'incandescence significative.

Le poisson, troisième des aliments consommés par le Fils de Dieu dans les Évangiles, ne relève pas lui non plus de l'étal où l'on trouve la pêche locale, mais, une fois de plus, de l'allégorie, du symbole et du mythe : le poisson (*ichthus* en grec) ramasse sous forme d'acronyme l'idéogramme de *Chrestos*. Les premiers chrétiens, persécutés avant de devenir persécuteurs à leur tour, dessinent des poissons comme signe de reconnaissance et de ralliement au nez et à la barbe des fonctionnaires romains. Le signe vaut également comme symbole de l'animal dont l'élément naturel est l'eau, autrement dit, le liquide lustral avec lequel se pratique le baptême qui, dit-on, efface les péchés du monde.

Le vin de la Passion, le poisson du baptême, le pain de l'Église, soit les trois aliments consommés par Jésus, ne relèvent aucunement du registre gastronomique, œnologique et alimentaire du Fils de l'Homme, mais de l'univers allégorique, mythique, symbolique du Fils de Dieu. Le corps d'un homme aurait mangé des galettes de semoule de blé, des lentilles, des concombres, des fèves, des cailles farcies, des sauterelles, des gâteaux parfumés à la menthe, au cumin, à la cannelle, des beignets de farine et de miel, des bonbons parfumés à la rose, au jasmin ou à la pistache, des fromages et laitages, des laitues, des melons, des figues, du raisin, ce qui se trouve sur les tables palestiniennes d'alors. Et l'on aurait volontiers aimé imiter cet homme-là…

Même quand il mange chez un pharisien, le publicain Zachée, à la table de Lazare ou, ressuscité, à celle des disciples d'Emmaüs, le corps de Jésus ingère du symbole, encore du symbole, toujours du symbole. Le message évangélique avance sur le terrain de la parabole, il est codé, chantourné, susceptible d'être entendu et compris par chacun en fonction de sa culture : le plus simple des bergers croisant le chemin du Christ y voit la nourriture d'un homme, le docteur de la Loi averti des symboles y perçoit la nature divine du personnage. Mais la vérité du Fils de l'Homme est qu'il joue à être homme sans jamais l'être véritablement.

7

Mortel et immortel – L'anticorps de Jésus se révèle donc sous la forme privilégiée de l'oxymore : procédant génétiquement d'une *vierge & mère*, s'incarnant dans une figure où il est *chair & désincarné*, se nourrissant pour l'occasion d'une *nourriture immatérielle*, cette créature conceptuelle nourrie de symbole culmine dans le final de la légende où elle excelle dans une performance ontologique difficile pour tout autre fils d'un homme : *mort & immortel*…

Ce mortel immortel échappe en effet aux lois qui régissent le commun des humains, à savoir l'inscription dans le temps et l'espace, la soumission à la loi de la chute des corps, l'affectation d'une masse et d'un poids à sa personne. D'où sa capacité, voyant ses amis pêcheurs (de poissons) en difficulté sur un lac, l'esquif immobilisé faute de vent, à marcher sur les eaux, sans aucune autre forme de procès. Cette performance lui permet, dans un geste fort amical au demeurant, de rejoindre la barque de ses amis, d'y grimper et, de ce fait, de lever la brise qui reconduit tout ce beau monde vers la berge.

Le même *homme inhumain*, au sens étymologique, guérit des aveugles et des paralytiques (syphilitique, le père de Georges Bataille était les deux, l'information servira plus loin…), des muets démoniaques, et autres gens à mains desséchées, un enfant possédé et un hydropique, un lépreux et une hémorroïsse, sans parler d'autres cas – un serviteur de centurion, la belle-mère de Pierre, le fils de la veuve de Naïn, un malade à Bézétha… Mais c'est sans compter avec un plus grand prodige : la franche et nette résurrection des morts. Demandez à Lazare… Autrement dit : le pouvoir de l'anticorps de Jésus s'étend jusqu'à la négation du destin du corps affligeant tous les autres, ceux qui, banalement, relèvent du seul registre de Fils de l'Homme. Le Fils de Dieu, pourtant fait homme, ignore donc l'entropie, la faim, la soif, les désirs, la sexualité, les passions, les pulsions, la décrépitude, la vieillesse, la souffrance, la mort. Car, nul ne l'ignore, cet homme torturé, supplicié, martyrisé, crucifié, succombant sur la Croix, ressuscite le troisième jour et – pour preuve de sa divinité… – mange du poisson grillé avec ses disciples !

Si j'étais lacanien, ce qu'à Dieu ne plaise, je m'interrogerais sur ce poisson *grillé*. Et je le mettrais en relation avec la seule parole intéressante proférée par Jésus dans cette saga : « Mon Dieu, mon Dieu, pourquoi m'as-tu abandonné » (Matthieu, XXVII, 46). Les exégètes catholiques y voient une citation des Psaumes (XXII, 2) (ce qui prouve en passant que l'on fabrique bien *a posteriori* un Messie attendu…), certes, mais également une parole généalogique pour toute entreprise athéologique digne de ce nom. Que la crucifixion annonce que l'affaire est *grillée*, voilà ce qui me conduirait assez volontiers vers une conversion au lacanisme. Mais je n'ai pas l'âme d'un disciple…

Deuxième partie
Universaliser un corps névrosé

1

Le corps glorieux – D'où l'épiphanie d'un corps nouveau : le *corps de Jésus* devenu *corps du Christ* mort et ressuscité produit le *corps glorieux*, autrement dit un anticorps promis aux chrétiens qui pratiqueront une stricte imitation de Jésus-Christ. D'où ce premier programme ontologique : imiter le corps de Jésus, sans désirs, sans passions, sans chair, sans matérialité, sans envies, sans pulsions ; viser l'immatérialité de la chair, la spiritualisation de la matière, la négation de l'humanité de l'homme ; vouloir tuer l'incarnation biologique pour réaliser le modèle de l'ange qui, sans sexe, ignore les besoins triviaux, communique sans langage par impulsion divine, se nourrit de nectar et d'ambroisie, la nourriture des divinités ; évacuer toute sensualité, toute sexualité, tout plaisir corporel ; vivre une existence d'ectoplasme...

Imiter Jésus-Christ, c'est aussi, revers de la médaille, imiter le Christ en plus d'imiter Jésus. D'où ce second programme métaphysique : transformer sa vie en chemin de croix ; aimer les souffrances et les douleurs qui conduisent à la reproduction de la Passion ; croire que la mortification sauve, que les mauvais traitements infligés au corps conduisent à la béatitude terrestre et temporelle autant qu'à sa formule céleste et éternelle ; chérir les instruments de la Passion reproduits *ad nauseam* dans l'histoire de l'art : marteaux, clous et tenailles, échelles et croix, la lance du centurion, l'éponge saturée de vinaigre au bout de la branche d'hysope, la couronne d'épines, le glaive, le roseau et le fouet de la flagellation, la coupe de boisson amère, la main du grand prêtre qui gifla le Christ.

Pour parvenir à l'anticorps de Jésus, afin de mériter un jour le corps glorieux éternel, il fallut donc pour tout chrétien désireux d'obtenir son salut par la vie éternelle imiter le corps du Christ : autrement dit, vivre autant que faire se peut sous la rubrique mortifère, thanatophilique, expiatoire. Chaque existence placée sous le signe du Calvaire, de la Croix, de la Passion, de la crucifixion accélère le devenir glorieux.

2

La puissance d'un impuissant – L'imitation du corps de Jésus doublée de l'imitation du corps du Christ fut une configuration intellectuelle élaborée par saint Paul, l'artisan névrosé de l'amour de la mort, de l'inversion des valeurs, pour qui mourir de son vivant définit la meilleure façon d'accéder à la vie éternelle. Paradoxalement, Paul fit de la vie véritable (selon la chair) la mort (de l'esprit) et de la mort authentique (du corps), la vie réelle (selon l'esprit). Cette schizophrénie d'un cas

1 *Première théologie de l'éros chrétien*

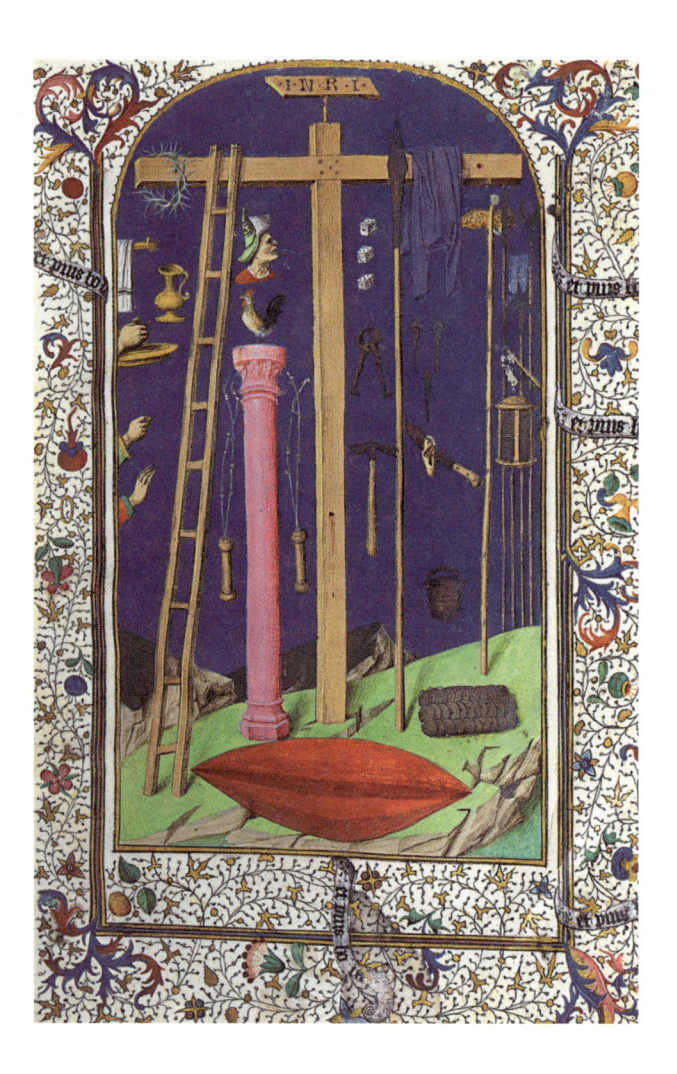

Atelier de Pierre Vilatte, *Les Instruments de la Passion*, Heures du maréchal de Boucicaut, 1477-1480

pathologique particulier devint dualisme métaphysique, manichéisme théologique, et machine de guerre redoutable lancée contre tous les corps. Deux mille ans plus tard, la névrose de Paul empoisonne encore toute personne vivant sur une zone géographique spirituellement contaminée par ce discours extravagant…

Or la fiction d'un Jésus crucifié serait très probablement restée une fable parmi d'autres si Paul de Tarse (un juif persécuteur de chrétien, qui fut de la bande qui causa la mort d'Étienne, le premier martyr, avant de devenir lui-même l'un de ceux qu'il persécutait), n'avait donné à la légende du Christ une suite construite de toutes pièces avec les matériaux de sa propre névrose. Car si Jésus fut une fiction, Paul, quant à lui, eut bel et bien une existence de chair et d'os, ce que prouve à l'envi sa formidable névrose et les logiques psychotiques associées à sa fameuse « écharde dans la chair »…

En voyageur de commerce soucieux d'étendre sa conversion à la planète entière, Paul parcourt le bassin méditerranéen en enseignant aux Romains, aux Galates, aux Thessaloniciens, aux Éphésiens, aux Corinthiens, aux Philippiens, un certain nombre de prescriptions éthiques, morales, comportementales, sexuelles, corporelles, totalement inexistantes dans l'enseignement de Jésus. Paul mit de la mort partout, comme on marque son territoire avec ses excréments psychiques.

Car, malgré le corps pour rire du Messie, son anticorps emblématique, sa seule consistance allégorique, sa matérialité conceptuelle, sa stricte dimension spirituelle, on chercherait en vain dans les paroles de Jésus de quoi justifier un discours contre le corps, ou n'importe quelle bribe permettant de fonder une haine de la chair, légitimer le mépris des femmes, construire une vision du monde misogyne et phallocrate, discréditer toute sensualité, toute sexualité, et placer l'ensemble de la secte sous le signe de la mort. C'est à Paul que l'on doit le devenir thanatophilique du christianisme.

À défaut de ce virage névrotique, la secte se réclamant de Jésus aurait pu se contenter d'appeler à *imiter Jésus le sage* dans la pratique de ses vertus : douceur, tendresse, compassion, pitié. L'histoire aurait alors disposé d'un genre de variation palestinienne de style bouddhiste ! Au lieu de cela, la haine de soi qui travaille Paul conduit le converti à prélever dans la geste évangélique l'épisode de la Passion, et invite à imiter *Jésus le martyr* – puis, par extension, à *imiter Jésus le mort* dans le très hypothétique espoir de parvenir un jour à la résurrection et à la vie éternelle, autrement dit aux fictions inventées par les hommes pour vivre malgré la mort et conjurer leur angoisse du néant avec des fictions consolatrices.

Dans la Seconde Épître aux Corinthiens, Paul affirme : « Il m'a été mis une écharde en la chair, un ange de Satan pour me souffleter, pour que je ne m'exalte pas ! » (XII, 7). La Bible d'Osty fait autorité auprès des chrétiens : elle assortit ce passage capital d'une brève note pour expliquer la nature de cette écharde : « Ce n'est sûrement pas "l'aiguillon de la concupiscence", écrit Émile Osty. L'hypothèse la plus vraisemblable est celle d'une maladie à accès sévères et imprévisibles (ophtalmie purulente, paludisme, épilepsie ?) » En biologisant cette écharde, le chanoine évacue le problème...

Les exégètes ont accumulé une littérature considérable sur ce sujet. J'ai donné la longue liste des maladies *physiques* supposées correspondre à cette fameuse écharde dans le *Traité d'athéologie*, je n'y reviens pas. Mais dans la quantité incroyable de diagnostics posés, personne n'est allé voir, indépendamment de la physiologie pure, si l'hypothèse d'une impuissance sexuelle est vérifiable. Loin du paludisme, qui arrangerait tant les affaires de l'Église, ou de l'ophtalmie purulente, Paul pourrait donc souffrir d'un défaut de puissance sexuelle, d'une incapacité biologique à honorer physiquement le corps des femmes, d'un « dysfonctionnement érectile », comme disent les sexologues aujourd'hui. Cette pathologie le contraindrait à faire de nécessité vertu : elle transforme l'affliction d'une impuissance

sexuelle personnelle en impératif catégorique de chasteté universelle, de continence généralisée, de virginité devenue idéal de la raison chrétienne...
Je déduis le mal caché du remède proposé, car nombre de misogynes – Nietzsche le premier... – détestent les femmes par incapacité à savoir leur parler, les séduire, leur plaire, les courtiser, les conquérir, les approcher. Ces hommes mutilés par la nature vouent aux gémonies ce qu'ils ne peuvent obtenir – nommons cela le complexe du renard et des raisins. La Fontaine en donne une excellente formule dans une fable qui met en scène un goupil tenté par des raisins : il s'approche de la vigne et se rend compte, chemin faisant, qu'il ne pourra atteindre les grappes, trop haut perchées. Dès lors, contraint à renoncer à ce qu'il convoitait, il conclut : « Ces raisins sont trop verts »... Le saint sans sexe trouve le sexe malsain.

3

L'« écharde dans la chair » – Saint Paul sexuellement défaillant, blessé par cette « écharde dans la chair », doit donc renoncer au sexe, aux femmes, aux plaisirs de la chair, à la sensualité, à la volupté. Pour vivre avec cette tare, il s'en exonère et, souhaitant être comme tout le monde, ne pouvant faire qu'il soit viril comme les autres hommes, il exhorte les hommes à renoncer à leur virilité afin qu'ils lui ressemblent. Saint Paul veut transformer son défaut en qualité, il souhaite sublimer son impuissance en puissance, il aspire à transfigurer sa maladie personnelle en (mauvaise) santé pour tous. Ou : comment s'y prendre pour vivre avec sa névrose en névrosant l'humanité tout entière, et ce pour l'éternité. Or l'éternité, c'est long...
Cet homme trahi par son corps se réapproprie son destin funeste en prétendant choisir ce que le sort lui impose. Pire : il ne se contente pas de choisir son destin pour lui-même, il le veut pour tous les hommes. Paul, saint de son état, étend son imperfection à la planète entière : « Mon anomalie va devenir la norme, dès lors l'anomalie cessera ; mon vice se fera vertu, ainsi le vice disparaîtra ; mon travers se transfigurera en loi de

sorte que le travers s'évapore » – voilà le raisonnement que tenait en substance l'homme au sexe blessé.

Paul donne une formule simple et claire de cette opération de déni doublée d'une transvaluation des valeurs en affirmant dans sa Première Épître aux Corinthiens : « J'aimerais que tous les hommes soient comme moi » (VII, 7). Certes, il ne détaille pas, et personne ne sait ce que signifie : « comme moi ». Mais si l'on suit son raisonnement, en regardant ce qu'il propose aux autres hommes de devenir, on déduit ce qu'il est, lui. Et que propose-t-il aux autres hommes ? La virginité, la continence, l'abstinence, la chasteté. À défaut de pouvoir jouir comme les autres hommes, Paul exige que les autres ne jouissent pas – comme lui.

Ainsi, ce petit homme impuissant, juif persécuteur de chrétiens devenu chrétien à son tour jouissant d'être persécuté, croit pouvoir extirper l'écharde de sa chair en enfonçant le même type d'esquille dans la chair de tous les humains pour les temps à venir et pour les temps que durera le temps. Or cette esquille agit comme les crocs d'un serpent venimeux. Afin de supporter de vivre avec son vice, il vicie la terre entière et théorise son travers en fondant une théologie thanatophilique qu'il se met en tête d'universaliser. Et grâce à Constantin, cette extravagante gestion d'une névrose personnelle contamine la planète entière...

4

L'invention de la misogynie – Lisons l'invite de la Première Épître aux Corinthiens (VII, 8-9) : « Je dis aux célibataires et aux veuves : il leur est bon de demeurer comme moi. Mais s'ils ne peuvent se contenir, qu'ils se marient : mieux vaut se marier que brûler. » L'idéal ? La virginité. Mais, à défaut, si la barre est trop haut placée, chasteté, continence, abstinence feront l'affaire... Le mariage chrétien agit en dispositif castrateur le plus à même de réaliser l'universalisation de la maxime névrotique paulinienne.

Jacques Bellange, *Saint Paul*, sans date

I Première théologie de l'éros chrétien

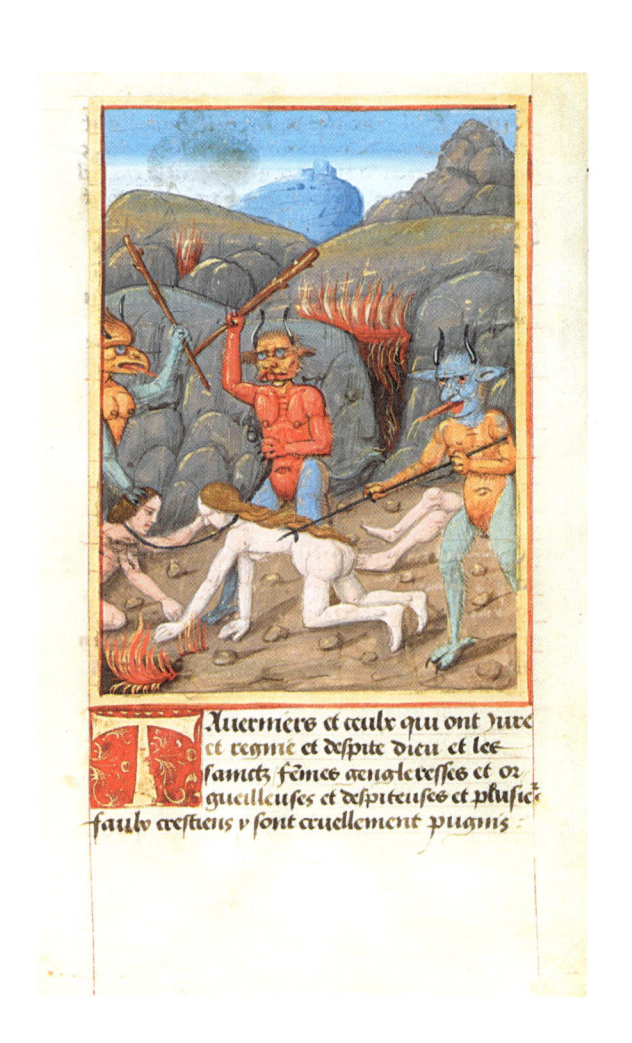

« La punition réservée pour les jureurs, les renieurs, les taverniers, les femmes orgueilleuses et médisantes et plusieurs chrétiens »

« La punition réservée aux ivrognes », illustrations anonymes du *Trésor de sapience* de Jean Gerson, vers 1480

Le délire paulinien trouve sans difficulté un bouc émissaire. La cause de tous ses malheurs ? Les femmes, la femme, autrement dit le désir, la libido, ou plus largement : la chair, évidemment peccamineuse. Paul le juif recycle à des fins chrétiennes l'histoire de la Genèse qui oppose le monde paradisiaque d'avant la Faute au réel marqué par le péché originel. Il place Ève à l'épicentre de cet effondrement de l'Éden dans le monde des hommes. La femme devient dès lors l'objet à abattre. Dans ce climat de misogynie généralisée, la seule femme possible ou pensable aux yeux d'un homme sans sexe devient Marie, la mère du Christ : la Vierge.

Paul n'a de cesse de formuler la doctrine misogyne : tout pouvoir vient de Dieu ; celui de l'homme sur la femme équivaut à celui de Dieu sur le reste du monde ; l'épouse doit obéir à son époux, lui être soumise ; « le mari est le chef de la femme tout comme le Christ est le chef de l'Église » (V, 22) ; ailleurs, il enseigne « que la femme craigne son mari » (V, 33), et autres sottises à l'avenant… L'impuissant veut la puissance sur les femmes ; le défaillant sexuel aspire à l'ascendant phallocratique ; le détumescent rêve de turgescence – normal…

Ce nihilisme de la chair culmine dans un nihilisme généralisé qui laisse un goût de mort dans la bouche. Le cadavre du Christ, voilà le modèle paulinien qui incarne la raideur définitive à laquelle il aspire, la seule désormais à sa portée. La maxime finale de cet homme qui souhaite ardemment la conversion de la planète à son mal est terrifiante : « Faites donc mourir vos membres terrestres » (III, 5), enseigne-t-il aux Corinthiens et, à travers eux, au restant de l'humanité. Puis ailleurs, ces mots sidérants, effrayants, atterrants : « N'aimez pas le monde ni ce qui est dans le monde » (II, 15).

Avec Paul, Jésus comme fiction laisse donc la place au Christ comme névrose. L'idéal devient l'*imitation du corps du Christ*, autrement dit un projet que les jésuites formulent clairement avec cette maxime attribuée à saint Ignace de Loyola : devenir « *perinde ac cadaver* », c'est-à-dire « pareil à un cadavre »… La Croix, les instruments de la Passion, le corps martyrisé, la chair maltraitée, voilà le moment pour le christianisme de prendre sa direction thanatophilique.

Cette secte, parmi des milliers d'autres à l'époque où Paul se débat avec sa névrose personnelle, aurait pu n'être qu'un vilain cauchemar si elle n'était devenue une religion – or chacun sait qu'une religion est une secte qui a réussi... Transformée en religion par la conversion de Constantin en 321, la névrose chrétienne quitte le terrain des potentialités pour nourrir la réalité d'une civilisation dans laquelle nous vivons toujours. Des philosophes mirent leur talent au service de la cristallisation de cette névrose autour d'un corpus connu sous la rubrique « Patrologie ». Augustin fut le plus efficace d'entre les Pères de l'Église...

5
La prescription conciliaire – Les Pères de l'Église constituent un bataillon de philosophes qui commentent sans relâche le Nouveau et l'Ancien Testament. L'ensemble de cette production ramasse un nombre considérable d'idées avec lesquelles se constituent les christianismes. Certains théorisent la matérialité de l'âme chrétienne, d'autres son immatérialité ; Augustin fait l'éloge du mariage, Tertullien, Méthode d'Olympe et Grégoire de Nysse célèbrent la chasteté ou la virginité ; d'autres approfondissent le contenu doctrinal du christianisme, tels Origène ou Clément d'Alexandrie ; mais, sans conteste, le plus influent, le plus important reste saint Augustin qui, notamment avec *La Cité de Dieu*, fournit le matériel éthique et dogmatique de l'Église catholique.

La patristique demeure le domaine réservé des chrétiens qui traduisent, éditent et commentent les textes, les lisent et les enseignent. Or la philosophie, qui plus est la philosophie critique, devrait s'attaquer à ce corpus, car il contient plusieurs siècles (du Ier siècle de Philon d'Alexandrie au VIIIe siècle de Jean Damascène) d'une pensée généalogique de notre civilisation. La construction du corps chrétien, le nôtre donc, la fabrication d'un éros adéquat, autrement dit d'un éros nihiliste construit sur la négation de l'éros, se joue dans ce demi-millénaire de réflexion. La controverse doctrinale constitue une première ligne de force de la patristique, la fabrication d'une morale en définit une seconde.

Les conciles arrêtent la dynamique de ces réflexions pour les figer dans un corpus officiel et canonique. Les assemblées d'évêques tranchent sur les questions ouvertes dans l'efflorescence de l'époque : arianisme, nestorisme, marcionisme, Trinité, grâce, libre arbitre, célibat, virginité, mariage, incarnation, images, droit divin… Puis ils promulguent les positions qui deviennent celles de l'Église catholique, apostolique et romaine. Elle dispose à cette époque des moyens administratifs, policiers, militaires pour contraindre à l'obéissance les fidèles réticents. Au point qu'Henri Irénée Marrou, historien catholique, parle de « premier État totalitaire » pour caractériser l'Empire chrétien… Ainsi, le IIe concile d'Arles (490-502) arrête le corpus des textes canoniques et décrète ce qui, parmi un ensemble de textes historiques, devient le volume des textes sacrés. Le IIe concile de Nicée (786-787) promulgue l'iconophilie : il accepte l'image et la représentation iconique. Le destin de l'histoire de l'art occidental se joue dans les quelques jours de cette assemblée… De même, le IVe concile de Constantinople (869-870) récuse la trichotomie qui affirmait l'homme composé d'une âme, d'un esprit, d'un corps, et opte pour le dualisme corps et âme, dont on connaît les effets nocifs et pervers dans notre civilisation…

Troisième partie
La chair peccamineuse

1

Saint Augustin le Commandeur – *La Cité de Dieu* s'ouvre sur un paysage d'apocalypse : Rome, la Ville éternelle, a péri sous les assauts des Wisigoths d'Alaric le 24 août 410. Vingt ans après, Augustin (354-430), évêque d'Hippone, meurt dans sa ville épiscopale assiégée par la soldatesque vandale. Fin d'un monde, certes, mais naissance d'un autre auquel (le Père de l'Église ne le sait évidemment pas, et il ignore encore plus dans quelle mesure…) le philosophe contribuera puissamment.

Le christianisme, religion officielle depuis la victoire de Constantin au pont Milvius, devient le ciment d'un Empire en même temps que le matériau idéologique de notre civilisation. Théodose, l'empereur très chrétien, poursuit l'édifice dont Constantin a posé la première pierre. Neuf mois après la mort d'Augustin, le pape Célestin prononce un éloge solennel de l'auteur des *Confessions* : ce panégyrique papal inaugure une longue série…

Le succès d'Augustin réside dans sa langue : le latin. Le christianisme naît en Orient, il devient européen avec le latin Augustin. Jusqu'au XIIe siècle, en l'absence d'Aristote, la pensée s'organise autour de l'œuvre du fameux docteur que l'Église révère comme sa référence la plus importante. Voilà pour quelle raison, si l'on veut poursuivre l'enquête sur l'éros nihiliste chrétien, la lecture de *La Cité de Dieu* offre des informations considérables : Augustin, en effet, sexualise le péché originel. À son tour, il lance l'anathème contre les femmes, coupables de *la* faute généalogique de toute négativité, il théorise la libido en regard de la Chute, puis culpabilise le désir autant que le plaisir, avant d'inviter lui aussi à l'imitation de Jésus-Christ et au renoncement à la chair.

2

La « vraie philosophie » – Les Pères de l'Église utilisent tous, ou presque, l'expression : la « vraie philosophie ». Qu'entendent-ils par là ? Précisons qu'ils s'opposent à la « fausse philosophie » qui, à mes yeux, est… la vraie ! Il s'agit en effet de faire table rase pour sauver dans la pensée préchrétienne ce qui semble compatible avec l'idéologie nouvelle et donne l'impression de l'annoncer. D'où une défense de

Platon et du néoplatonisme pour leur idéalisme, du stoïcisme dont on monte en épingle la maxime doloriste « supporte et abstiens-toi », en même temps qu'une condamnation de l'épicurisme, à cause de son atomisme matérialiste hédoniste radicalement incompatible avec le spiritualisme ascétique chrétien...

À cette époque, la philosophie n'est pas, comme depuis sa confiscation par l'institution universitaire au XIXe siècle, une discipline exclusivement logomachique, mais une invitation à la sagesse pratique : le philosophe, époque bénie, définit moins l'individu *parlant* en philosophe que *vivant* comme tel, ce qui se prouve par la vie philosophique qu'il mène. Pas de place, alors, pour les magiciens... Le cynique ne se contente pas de parler le langage cynique, il vit en cynique ; même chose pour le stoïcien, le cyrénaïque ou l'épicurien. L'époque interdit les faussaires.

Dans cette configuration intellectuelle et spirituelle, le christianisme qui revendique la « véritable philosophie » appelle lui aussi à la pratique d'une vie philosophique qui se superpose à une vie chrétienne. Et qu'est-ce qu'une vie chrétienne ? Une vie qui propose l'imitation de Jésus-Christ : à savoir une imitation *et* de Jésus *et* du Christ. Ce qui signifie : *vouloir l'anticorps de Jésus*, vierge, chaste, célibataire, immatériel, angélique, et, en même temps, *vouloir le corps supplicié du Christ*, martyrisé, brutalisé, mortifié, maltraité. Revers incorporel d'un avers cadavérique – pour une numismatique impossible...

L'éros nihiliste chrétien se constitue dans cette double folie : l'aspiration à un corps inexistant et le désir de maltraiter le corps existant. Double névrose : volonté de néant en matière d'idéal, volonté de mort sur le terrain pratique. Double modèle : un corps qui ne mange pas, une chair que l'on martyrise. Double symbole : un ange dépourvu de sexe, un Crucifié, le supplicié et l'instrument de son supplice. Double perversion : le nihilisme de la chair et le sadomasochisme en modalité spécifique de l'éros. Double furie : Jésus et Christ.

Ary Scheffer, *Saint Augustin et sa mère, sainte Monique*, 1846

3

Le principe d'Origène — Comme la masturbation sur la place publique ramasse la geste cynique, ou le petit fromage résume la frugalité épicurienne, il existe un geste qui, à mes yeux, concentre l'idéal chrétien et sa méthode en matière de sexualité : je le nomme *principe d'Origène*. Ce Père de l'Église (vers 185-après 251) a abondamment critiqué Celse qui avait attaqué les chrétiens : son livre, *Contre Celse*, contient pour les réfuter tellement de citations et de références que, paradoxalement, Origène immortalise les arguments de Celse...

Mais le principe d'Origène concerne un autre genre de paradoxe : lisant l'évangile de Matthieu, l'homme qui fut considéré comme le plus grand théologien de son temps (le IIIe siècle), le penseur dont saint Jérôme nous dit qu'il avait produit une œuvre de deux mille livres que l'empereur Justinien fit détruire, cet homme, donc, tombe sur ce verset : « Il y a des eunuques qui se sont faits eux-mêmes eunuques pour les royaumes des cieux » (XIX, 12). Puis lisant cette autre phrase chez Marc : « Si ta main est pour toi une occasion de chute, coupe-la » (IX, 43).

Très en verve, et désireux de joindre le geste à la parole, une obsession de quiconque veut mener une vie philosophique, le penseur chrétien s'empare d'un couteau, soulève sa toge et tranche ses génitoires. Devenu eunuque après la suppression de la chair qui causa la Chute, Origène expérimenta probablement, mais trop tard, que le siège du désir ne se trouve pas dans le pénis, mais dans le cerveau, un organe sexuel nettement plus massif et qui oblige à de plus subtiles mutilations...

Tirons la leçon de cette anecdote : le christianisme règle en effet le problème du corps d'une manière expéditive. La mutilation, voilà la méthode. L'objectif ? En finir avec un corps de désir, avec une chair coupable de libido, punir l'anatomie d'être ce qu'elle est. Le désir équivaut au péché. Le plaisir mène tout droit à la damnation, aux flammes éternelles de l'enfer — Augustin détaille les modalités de la crémation

Dirk Bouts, *La Chute des damnés*, vers 1470

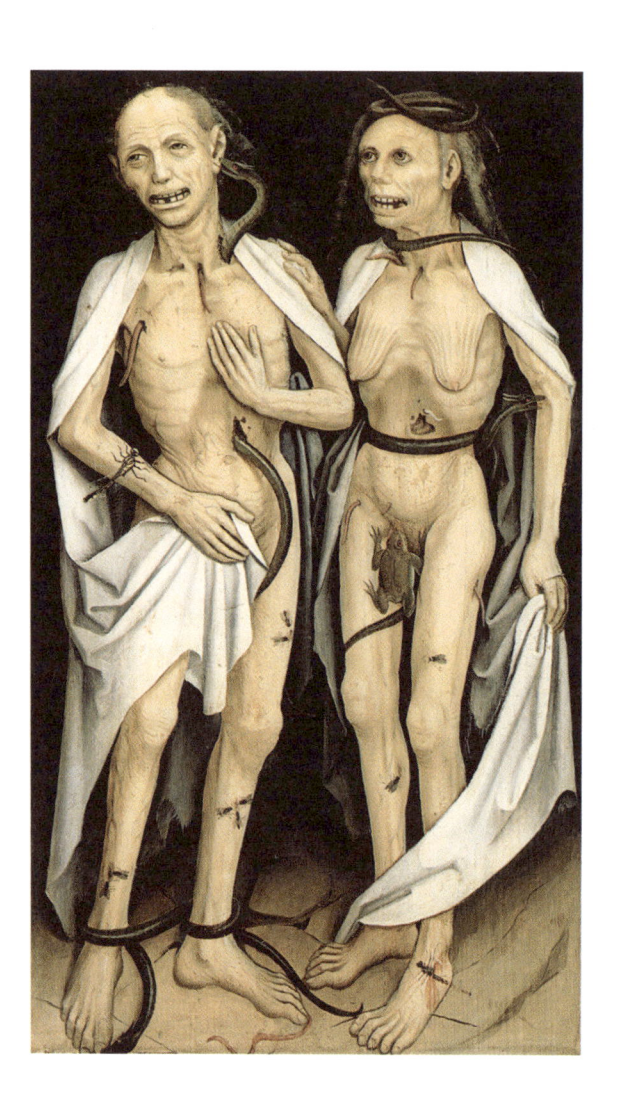

1 Première théologie de l'éros chrétien

Anonyme, *Les Amants trépassés*, vers 1470

dans sa *Cité de Dieu* (XXI, 5) afin d'expliquer au sceptique comment une chair peut brûler sans jamais être consumée puisqu'elle souffre sans jamais mourir... Toujours les prodiges du corps chrétien !

Le christianisme active le principe d'Origène dans un certain nombre de dispositifs corporels : la règle cénobitique, l'ascèse des moines du désert, la théologie de la virginité, l'ontologie du célibat, la métaphysique de la chasteté, et, pour les moins spectaculaires des chrétiens, du moins pour les moins tentés par la pulsion de mort (encore que...) : la discipline du mariage — à laquelle l'Église se range officiellement pour proposer à la troupe des croyants une machine à faire des anges acceptable au quotidien et défendable en regard des obligations démographiques de toute politique qui se respecte.

4

Violées mais chastes — Augustin ouvre sa *Cité de Dieu* sur une question d'actualité : lors du sac de Rome par la soldatesque dite barbare, nombre de femmes ont été violées. Question : ces victimes sont-elles coupables ? Sont-elles devenues impures ? Les a-t-on déshonorées ? Doivent-elles se suicider, comme Lucrèce ? Réponse : une épouse prise de force par un soldat qui lui fait subir les derniers outrages n'est coupable de rien, sauf si elle a consenti mentalement à la chose... Autrement dit : si elle a eu envie de ce qui a eu lieu, si elle en a retiré du plaisir.

Dans le viol, le problème ne réside pas dans la brutalité *physique* de la violence infligée, mais dans l'hypothétique consentement *psychique*. Une femme n'est pas coupable d'avoir été abusée, mais elle le serait d'y avoir consenti. La chasteté réside dans le refus du désir et dans la récusation du plaisir. Dès lors, Thomas d'Aquin développera toute cette thématique dans la *Somme théologique* : une relation sexuelle conjugale n'est pas condamnable en soi, mais relativement à l'état psychique dans lequel se trouvent les acteurs. En soi, le sexe est neutre, il est bon quand, utilisé comme un moyen, il vise la procréation et la création ou l'augmentation de la famille, mauvais lorsque, considéré comme une fin, il se propose le plaisir et la jouissance.

La chasteté que célèbre le christianisme n'est donc pas une affaire de corps, mais d'âme, ou, disons-le d'une manière moins chrétiennement connotée : d'esprit ou de conscience. Augustin spiritualise la sexualité : elle ne relève pas du corps et des usages du corps, mais de l'âme et de la mécanique spirituelle. Le sexe n'est pas coupable en soi ; en revanche, consentir au sexe, voilà une faute. La volonté, voilà la grande affaire sexuelle. Le christianisme contamine la conscience, l'âme, l'esprit, la pensée, la sphère mentale qui, par capillarité, tétanise la chair, martyrise le corps. L'âme devient le fouet du corps, son cilice, sa discipline. La névrose pénètre la chair *via* l'esprit, elle se répand tel un acide destiné à corrompre la moindre parcelle.

Chaque fois qu'il est question du désir, du plaisir, du corps, de la chair, du sexe, des femmes, Augustin cite Paul. Lisons cette phrase de *La Cité de Dieu* : « L'apôtre a *désiré ardemment* être détruit pour être avec le Christ » (XIV, 5), elle donne la clé de l'éros augustinien, nihiliste lui aussi. Moins on est ici bas, plus on a dans l'au-delà. Plus on renonce à soi sur terre, mieux on assure l'expansion de son être au ciel. La quantité de Cité de Dieu à laquelle on est destiné est proportionnelle à celle des renoncements accumulés dans la Cité des Hommes. Ou, plus bref : mourez *tout de suite* pour vivre *plus tard* éternellement.

5

Généalogie de la libido – De vieilles traductions rendent la « libido » latine du texte d'Augustin par « concupiscence ». Mon vieux maître Lucien Jerphagnon a fort judicieusement conservé le mot latin pour l'édition de la Pléiade, malgré le risque d'une compréhension anachronique dans notre époque postfreudienne... Or, cette libido augustinienne est la même que la libido freudienne, la même aussi que la libido spinoziste : une énergie, une force, une puissance, une dynamique génétique, généalogique, génitale aussi, mais plus largement architectonique de l'être.

Tout matérialiste identifie cette libido à la matérialité de l'être : elle lui est consubstantielle. Pour sa part, et on s'en douterait, Augustin propose une généalogie de la libido : elle n'a pas toujours été, elle a une date de naissance, elle a surgi un jour néfaste, alors qu'avant, jours fastes, elle n'existait pas. Il y eut un monde sans ; il existe désormais un monde avec. Le moment de basculement de la béatitude vers cette négativité ? Le geste d'Ève… Augustin l'écrit clairement dans *La Cité de Dieu* : « C'est après le péché que la libido est née » (XIV, XXI). Et plus loin : « La libido, salaire du péché de désobéissance » (XIV, XXIII).

Au paradis, le péché fut double : orgueil selon l'esprit ; désir selon la chair. L'orgueil a consisté à vouloir vivre selon soi, et non selon l'ordre de Dieu. Que signifiait ce fruit défendu ? Qu'était cet arbre de la connaissance qui portait cette pomme funeste ? Que faut-il entendre par cet interdit signifié par Dieu ? L'interdit « servait à magnifier le bien de l'obéissance pure et simple ». Orgueil de croire que l'on peut désobéir, penser par soi-même, vivre selon l'ordre de la chair ! Voilà le fond de toute religion : obéir, se soumettre, renoncer à soi, à l'intelligence, à la raison, se contenter d'être la chose de Dieu… Or Ève refusa cette solution pour lui préférer l'inverse : penser, réfléchir, décider, savoir, connaître, s'affirmer, recourir à la raison et à l'intelligence, se vouloir subjectivité, se construire libre, y compris, et surtout, sans Dieu, donc contre Dieu.

6

Genèse de la haine des femmes — La femme, voilà donc l'ennemie, la cause de tous les malheurs des hommes, la raison de toute négativité sur cette planète, la cause de la fin du monde paradisiaque, la transformation du réel en vallées de larmes, avec souffrances, enfantement dans la douleur, vieillissement, maladie, mort, peine, travail, honte… Augustin renvoie au serpent, cause du péché, franchement identifié à la femme. Au point que quand il parle du serpent, « cet animal glissant à la démarche onduleuse et tortueuse » (XIV, XI), on a l'impression qu'il décrit les mouvements d'une femme…

Citant Paul, auquel il emboîte le pas sur cette question pour l'approfondir sans jamais s'en démarquer d'un centimètre, Augustin écrit : « Ce n'est pas vainement que l'apôtre a dit : "Et Adam n'a pas été séduit, mais la femme a été séduite", car Ève a ajouté foi aux paroles du serpent » (XIV, XI). Autrement dit : Ève aurait pu être séduite par le serpent, donc quelque peu victime, tout autant qu'Adam qui, lui, circonvenu par Ève, est clairement présenté comme une victime de sa femme, une victime de *la* femme. La répartition des rôles se trouve bien faite pour Augustin, et pour le christianisme qui en découle : le serpent, c'est Ève, et la volonté de l'animal coïncide avec celle de la femme ; en revanche, Adam, c'est la victime abusée par sa partenaire. Ève devient le souffre-douleur émissaire, ce qui serait sans conséquence si l'histoire restait ce qu'elle est, à savoir une légende, une fiction, une mythologie, mais le pire de cette aventure, c'est que légende, fiction et mythologie passent depuis vingt siècles pour des vérités avérées qui produisent des comportements, des agissements misogynes et phallocrates. Le corps des femmes, voilà l'ennemi pour les hommes – car le corps des femmes, c'est le désir et la volonté du serpent, la généalogie de la libido, l'avènement du sexe coupable…

Avant le geste néfaste d'Ève, la libido n'existait donc pas : les organes sexuels obéissaient à la volonté, comme la totalité des autres parties du corps. Point de mouvements intempestifs de la chair, pas d'érections fâcheuses, nulle facétie génitale, aucune épiphanie de la bête en nous : le temps béni de la pure obéissance à la volonté. Au paradis, les hommes ignorent le désir ; après lui, il n'y a plus que lui. Sous le signe d'Éden, la volonté gouverne le sexe sans libido – de la même manière que les anges mangent sans faim et boivent sans soif des substances ni solides ni liquides…

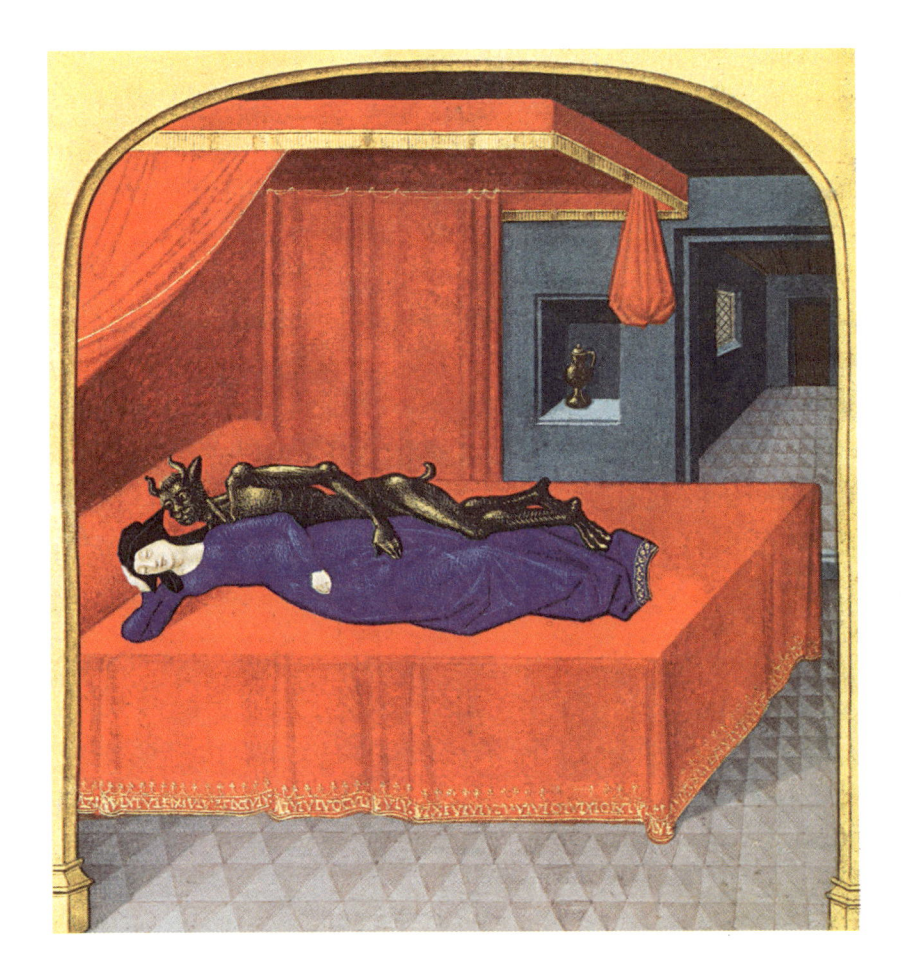

Maître d'Adélaïde de Savoie (enlumineur), *La Conception de Merlin*, *Histoire de Merlin*, 1450-1455

7

La preuve par le pétomane – Augustin invite donc à restaurer un ordre sexuel dans lequel, comme au paradis, la volonté reprendrait l'empire sur le corps. Les objectifs ? Tuer la libido, éradiquer le désir, évincer le plaisir. Cette éthique corporelle nouvelle réaliserait une vie selon l'ordre de Dieu, donc de l'Esprit, elle signifierait la fin d'une vie selon l'ordre de l'Homme, donc de la chair. Car Dieu veut pour la Cité des Hommes le règne de l'anticorps de Jésus – c'est du moins ce qu'enseignent les chrétiens et, en première ligne de ce combat mené contre la chair, saint Augustin.

Une page réjouissante de *La Cité de Dieu* permet donc au docteur de l'Église d'établir une liste de ce que peut le corps en temps normal, ce qui l'autorise de déduire ce qu'il pourrait s'il voulait restaurer cet ordre édénique de la volonté disposant de l'empire sur lui. Inventaire de ce que certains hommes parviennent à faire : bouger une ou deux oreilles ; ramener leur chevelure sur le visage sans l'aide des mains, uniquement par froncements de peau ; avaler et régurgiter un objet avalé ; imiter à s'y méprendre des cris d'animaux ou des voix humaines ; transpirer sur ordre ; pleurer à volonté ; entrer en catalepsie selon son caprice et, pendant ce temps, ne rien ressentir des piqûres ou brûlures infligées ; ou encore, plus fort – et je ne résiste pas au plaisir de citer ce salut à « ceux-là (qui), à volonté, émettent par en bas, sans aucune mauvaise odeur, des sons si bien rythmés qu'ils semblent chanter par cette partie de leur corps » (XIV, XXIV) – la preuve par le pétomane...

Si, donc, tant de prodiges corporels sont possibles, pourquoi ne pourrions-nous pas, un jour béni, soumettre notre sexe à la volonté ? Ce que pourrait le moindre pétomane, le chrétien ne le pourrait pas – à savoir : soumettre ses organes à la puissance de son vouloir ? Le quidam triomphe de ses gaz pour en faire une symphonie, et le disciple du Christ ne parviendrait pas à dresser son phallus à rester coucher dans sa cage ontologique pour qu'il y dorme éternellement du sommeil du juste ? Allons, encore un effort pour être vraiment chrétien !

L'effort et la discipline christique visent cette catalepsie du sexe ; une véritable catatonie : célibat, virginité, chasteté constituent d'excellentes voies pour parvenir à cette sagesse ; les femmes, tentatrices, séductrices, démoniaques, infernales sont à fuir comme la peste ; dans la pire des hypothèses, on couchera avec le serpent, mais pour lui faire des enfants, et dans le strict cadre du mariage – ce cilice des couples ; la libido, création de Satan, l'autre nom de la femme, doit se tarir à la source : que l'on n'aille donc pas boire à cette eau empoisonnée. L'éros nihiliste de la chair chrétienne dispose donc de sa première théologie avec la patristique.

II Seconde théologie de l'éros chrétien
Nature de l'éros nocturne

Première partie
La jubilation martyrologique

1

Le nihilisme de la chair, suite – La triade *fiction d'un anticorps nommé Jésus – universalisation de la névrose paulinienne – sexualisation patristique du péché originel* constitue les fondations de l'édifice de cette première théologie de l'éros chrétien. Cet ensemble généalogique va de la naissance du supposé Jésus aux textes fondateurs du plus célèbre Père de l'Église, et définit un *nihilisme de la chair* construit sur une misogynie radicale : il suppose l'*imitation du corps de Jésus*. Une autre triade configure la seconde théologie de l'éros chrétien. Elle approfondit le nihilisme de la chair par une franche indexation de la sexualité sur la pulsion de mort.

La voici : *jubilation martyrologique – accélération du tropisme sadique – production d'une théologie négative tanathophile*. L'ensemble coïncide avec un trajet réflexif qui, à partir du modèle de l'*imitation du corps du Christ* souffrant, englobe Jacques de Voragine et sa *Légende dorée*, le marquis de Sade notamment avec ses *Cent Vingt Journées de Sodome*, et *L'Érotisme* de Georges Bataille, trois façons identiques (et pour les deux dernières, chrétiennes à leur manière…) de ne point jubiler de la vie expansive, mais de la mort. Ou, en d'autres termes : un sulfureux art de jouir contre Éros avec Thanatos. Cette détumescence érotique doublée d'une turgescence associée au cadavre exige une fois de plus la misogynie radicale paulinienne.

2

Le principe d'imitation – La logique de l'imitation procède, on l'a vu, de la pratique de la philosophie antique et de ses exercices spirituels : dans le jardin d'Épicure, par exemple, mais dans toute autre école de sagesse antique, la vie philosophique passe par la conformation de son être à celui du modèle, le créateur de l'école – Pythagore, Épicure, Aristippe, Diogène… Leurs vies réussies, parfaites, excellentes, emblématiques, servent d'idéal de la raison à l'impétrant qui cherche une direction spirituelle afin de mener une existence philosophique – au sens étymologique : une vie d'amour de la sagesse, la sagesse constituant le point d'aboutissement inatteignable, ou rarement atteint, de cette quête…

Les Pères de l'Église reprennent cette tradition philosophique – elle-même probablement inspirée par le modèle indien des gymnosophistes… Mais dans l'épaisseur confuse du Nouveau Testament, les prélèvements possibles sont nombreux, multiples et contradictoires : les tenants de l'Inquisition, les guerriers des croisades ou les acteurs de la colonisation du Nouveau Monde peuvent mettre en exergue ce verset de Luc, dans lequel Jésus lui-même dit : « Quant à mes ennemis, ceux qui n'ont pas voulu que je règne sur eux, amenez-les ici et égorgez-les tous devant moi » (XIX, 27). Hitler lui-même ne célébrait-il pas dans *Mon Combat* le Jésus chassant avec un fouet les marchands (juifs) du Temple (Luc XIX, 45-46) ? Origène, on l'a vu, se servit d'un verset de Matthieu pour justifier son automutilation…

Les prélèvements constitutifs du christianisme européen s'effectuent majoritairement chez Paul : le christianisme procède du paulinisme marqué par la névrose que nous savons. Dès lors, l'imitation proposée aux amateurs de *vie philosophique chrétienne* renvoie moins aux occasions d'un Jésus néobouddhiste, pacifiste, non-violent, tolérant parce que silencieux sur les prescriptions morales, doux, modeste, affectueux, qu'au Christ en croix, une figure qui entre en résonance parfaite avec le psychisme sadomasochiste de Paul de Tarse.

Paul feint de choisir ce qu'il est contraint de subir pour se donner l'illusion d'une maîtrise, il active le déni de son impuissance afin de se persuader de sa puissance fictive : ce que la nature lui impose, il le veut, d'abord pour lui, puis pour l'humanité entière. Le modèle christique ne pouvait pas ne pas séduire cet homme jouissant de s'infliger des punitions : maltraiter le corps qui maltraite, humilier le corps qui humilie, blesser le corps qui blesse, nier le corps qui nie, étouffer le corps qui étouffe, écorcher le corps qui écorche, faire saigner le corps qui fait saigner, tuer le corps qui tue, voilà donc l'explication du mécanisme par lequel un impuissant refuse son impuissance et fait de la virginité, de la chasteté, du célibat, des modèles à suivre, faute de pouvoir faire autrement…

Sous les auspices de la névrose de Paul, le christianisme officiel passe de la douceur du Jésus des béatitudes à la violence du Christ sanguinolent du Golgotha. Le crucifix devient le signe par excellence, le symbole à vénérer : un instrument de torture devient donc l'allégorie, la parabole, la métaphore des millions de fois dupliquées d'une spiritualité, d'une idéologie, d'une civilisation. Vénérer un cadavre torturé, aspirer à la Passion de cette fiction comme destin pour des milliards d'hommes et de femmes, l'aventure dépasse l'entendement…

3

Jouir du martyre – La figuration de Jésus crucifié relève une fois de plus du délire de Constantin : il n'existe aucune représentation du Christ en croix avant 430 – sauf un graffiti datant du IIIe siècle, probablement moqueur, retrouvé sur un mur des thermes romains, qui représente un crucifié à tête d'âne accompagné de cette phrase : « Alexamène adore son Dieu. » Le concile in Trullo (692) pose les bases d'une figuration appelée, ô combien, à se reproduire dans l'histoire. Vers 965, l'évêque Géron de Cologne commande le premier crucifix connu exacerbant les douleurs de l'agonie : corps penché, bouche entrouverte, yeux fermés. Au XIIIe siècle, la peinture invente la représentation des stigmates. Le genre Pietà apparaît à son tour : il exacerbe le cadavre sur les genoux de Marie. Giunta Pisano peint en 1250 un corps du christ contorsionné, douloureux.

II Seconde théologie de l'éros chrétien

Juan del Castillo, *Saint Dominique se mortifiant*, vers 1635

La littérature s'en mêle avec *La Légende dorée* de Jacques de Voragine (vers 1228-1298) qui propose un martyrologue en même temps qu'une explication des fêtes de l'Église. La vie des saints martyrisés se présente comme une invitation à imiter l'existence de ces héros du christianisme qui, pour leur part, copiaient eux aussi la Passion du Christ. À quoi il faut ajouter *L'Imitation de Jésus-Christ*, un texte attribué à un moine augustinien du nom de Thomas A Kempis (1380-1471) qui développe vers la fin du XIV siècle ce qu'annonce clairement le titre : des propositions édifiantes pour imiter la *conduite* et la *vie* de Jésus-Christ.

En regard de ces textes qui constituent d'authentiques succès de librairie européens – on lit, copie, édite à tour de bras ces deux ouvrages, seule la Bible rivalise… –, l'art illustre le principe de l'imitation et montre ce qu'il faut reproduire : la Passion sanguinolente du Crucifié, l'amour de la souffrance rédemptrice, le sacrifice intégral de soi, le mépris de la chair, le goût de la mort, ce que, convoquant Georges Bataille définissant l'érotisme dans l'ouvrage éponyme, on pourrait nommer « l'approbation de la vie jusque dans la mort »…

Un moment de l'histoire constitue spécifiquement le nihilisme chrétien de la chair, de l'éros nocturne : celui des martyrs. L'imitation concerne donc la Passion : autrement dit un sacrifice de soi qui, par plus d'un point, ressemble au suicide, afin de faire comme le Christ, car souffrir puis mourir permettent de racheter les péchés du monde, et, par cette occasion, de réaliser son salut. Le crâne gisant au pied de la Croix sur le Golgotha passe pour être celui d'Adam, le premier homme. Car la crucifixion rachète le péché originel : la souffrance rédime l'être de libido qui nous définit depuis la Faute.

L'hypothétique vie éternelle se paie d'une mort véritable, voilà l'équation posée par les chrétiens qui veulent imiter la Passion du Christ et se lancent à corps perdu, oserai-je dire, dans la destruction d'eux-mêmes. Mourir pour vivre… Souffrir pour jouir… Le goût du martyre provoque une

II Seconde théologie de l'éros chrétien

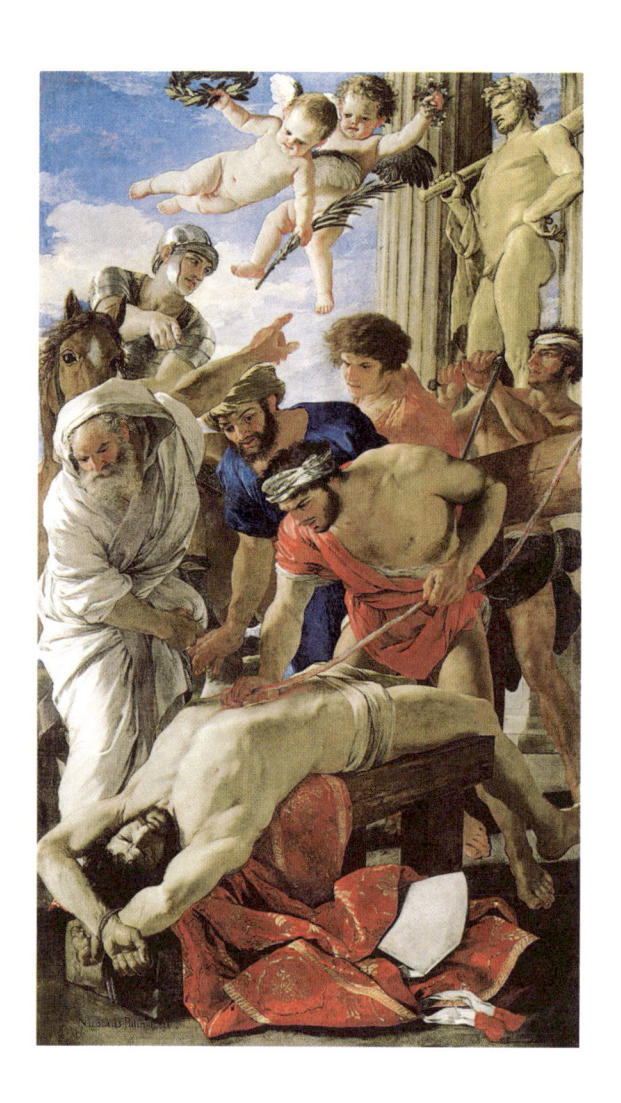

Nicolas Poussin, *Le Martyre d'Érasme*, 1628-1629

épidémie de sang versé entre les premiers sectateurs persécutés sous l'Empire païen et les derniers, au début du IVe siècle. Pour mémoire, le premier martyr fut Étienne, saint Étienne, protomartyr, juif converti au christianisme lapidé par des juifs dont l'un se convertira, Saül, et deviendra Paul, saint Paul.

(Remarquons en passant que lorsqu'un chrétien comme Jacques de Voragine parle de l'« invention du corps de saint Étienne », il précise que la découverte de reliques signe l'acte de naissance du corps du saint. Vers 530, on parle ainsi de l'« invention de la Croix du Christ ». Or le mot « invention » s'associe, *dixit* Alain Rey, à une « trouvaille dans la façon d'agir ». La proximité de cette invention du corps d'un saint et du sens commun d'« imagination rusée » agit comme un lapsus dans l'histoire du christianisme… Et chacun sait que le lapsus agit en voie royale qui mène à l'inconscient. D'un individu comme d'une civilisation…)

Revenons à nos martyrs : en 107, saint Ignace meurt à Rome en atteignant son objectif : ressembler au Christ, imiter Jésus jusque dans sa Passion — surtout dans sa Passion. Et jouir de cette souffrance « salvifique » — selon le néologisme utilisé par le Vatican dans sa *Charte des personnels de santé*… Souffrir, c'est jouir, puisque c'est vivre la vie du Christ, connaître les affres de la torture, expérimenter dans sa chair la jubilation christique, se rapprocher de Lui, donc, mais également du salut, du paradis, de la vie éternelle. La gueule du lion, les crocs de fer, les grils, les potences, les croix, les pals, les glaives, les bassines d'huile bouillante, les brasiers, tout cela mène au ciel où se trouve déjà le Christ, martyr en chef.

4

Les abattoirs humains — Dans sa *Légende dorée*, Jacques de Voragine raconte les histoires édifiantes utilisées par une multitude de prêtres pour leurs sermons. Ces récits inspirent les artistes décorateurs de la moindre église de village que saturent les sculptures de saints avec leurs attributs (Catherine et sa roue, Laurent et son gril, Sébastien et ses flèches, etc.), les vitraux de scènes extraites du martyrologue, les créations d'orfèvres pour les chasses, dans lesquelles les représentants du clergé placeront des morceaux d'os, des fragments de cadavres, des cheveux de morts, des bouts de tissus noués à des phalanges, des vertèbres, des côtes cassées...

Cette seconde théologie du nihilisme de la chair s'ouvre donc sur le culte du cadavre, la religion de la mort, la célébration de la dépouille, la dévotion du squelette, la cérémonie du démembrement, la fête des instruments de torture, la kermesse des viscères, les agapes de reliques, les libations de sang, les orgies de viande, les bacchanales de lymphe, les débauches d'écorchés – toutes préfigurations des jouissances du Sade des *Cent Vingt Journées de Sodome* ou des éjaculations du Georges Bataille penché sur ses photographies de supplice chinois... Extatiques, le chrétien, le sadien, le bataillien communient dans ce même abattoir de carcasses humaines.

Jamais on ne voit mieux comment notre civilisation a sombré dans la perversion qu'en suivant les modalités de ces équivalences posées entre souffrance et jouissance, mort et plaisir, martyre et béatitude, torture et joie, Passion et salut, crucifixion et éjaculation, supplice et extase. Éros vécu sous le signe exclusif de Thanatos, voilà la signature du nihilisme chrétien de la chair. L'histoire témoigne : ce pari fou de transformer la névrose d'un homme, Paul, en maladie d'une civilisation entière, a été gagné. Le culte mortifère que le Tarsiote voue à son corps, la religion tout entière le rendra à la totalité de ses disciples : l'Europe médiévale construit ses abbayes et ses châteaux, ses églises et ses couvents, ses prisons et ses universités sur des cimetières.

Voragine multiplie les exemples de martyres jouissant de cette négativité de la chair. Lisons : sainte Sabine rit de l'annonce de sa mort sur le bûcher, car elle croit *mordicus* que son trépas l'assure de la « joie éternelle » ; saint Pamphile empalé se « réjouit » d'accéder enfin à la

Pierre Paul Rubens, *Le Martyre de saint Laurent*, vers 1615

liberté par l'imminence de son décès ; après son procès, sainte Perpétue retrouve sa cellule avec bonheur, car elle jouit de sa condamnation à mort ; saint Laurent sur son gril, avant de plus effrayantes tortures, dont une lente et patiente éviscération, se moque de son juge et lui dit : « C'est cuit ; mange et expérimente si c'est meilleur cru ou rôti. » Aucun martyr ne craint son destin puisqu'il l'a désiré, voulu, choisi, aimé, qu'il est allé parfois au-devant de la mort en provoquant les autorités pour obtenir d'elles ce mode d'accès rapide à la vie éternelle qu'un suicide en bonne et due forme ne lui aurait pas permis, la secte interdisant ce recours expéditif...

Soulignons dans la *Légende dorée* ce « *Viva la muerte* » qui fit (et fait encore pour certains) le quotidien de millions de chrétiens : devant la croix sur laquelle il va rendre son dernier souffle, saint André dit : « Tu es un objet de désir » ; saint Agnès, brûlée, égorgée, est enterrée par les siens qui « ensevelissent le corps avec joie » ; roulée dans des tessons de verre, puis dans des charbons ardents, la pointe des seins arrachés à la tenaille, sainte Agathe s'exprime ainsi : « Je prends autant de plaisir à ces tourments que celui qui entend une bonne nouvelle, que celui qui voit un être longtemps désiré, ou que celui qui trouve une quantité de trésors » ; saint Second et Calocérus ingurgitent de la poix et de la résine bouillantes : ils « la buvaient avec grand délice » ; saint Prime et saint Félicien avalent du plomb en fusion : « Prime but le plomb avec autant de délices que de l'eau fraîche » ; le président du tribunal fait fouetter sainte Juliette qui porte son fils saint Cyr sur les genoux : l'enfant tombe, roule dans les escaliers, les marches sont « éclaboussées par sa petite cervelle, et Juliette, voyant que son enfant l'avait précédée au royaume de Dieu, s'en réjouit et rendit grâce au Seigneur » ; Socrate romain, saint Pierre refuse de s'enfuir pour échapper au supplice en disant : « Vous me conseillez de fuir pour inspirer aux faibles la peur du martyre, pour me priver d'une mort longtemps désirée » ; saint Adrien, vingt-huit ans, éviscéré près de sa femme Nathalie, s'entend dire par elle : « Tu es bienheureux, lumière de ma vie, de souffrir pour Celui qui a souffert pour toi ». Sainte Christine, déchiquetée par des griffes de fer, torturée jusqu'aux derniers outrages par son père païen, lui crache au visage un morceau de sa chair arrachée avec ses propres dents : « Prends tyran, et mange la chair que tu as engendrée ». En colère, le père la place sur une roue à laquelle il met le feu ; en jaillissant, la flamme tue mille cinq cents personnes. On lui attache une pierre au cou, on la noie, elle revient au rivage, on la place dans une nacelle en fer, on l'arrose d'huile bouillante, de résine et de poix : « Alors Christine loua Dieu, car il avait voulu qu'elle connaissance une seconde naissance pour être ensuite bercée comme un tout petit enfant ». On lui rase la tête, on la met dans une fournaise, elle y reste cinq jours intacte et chante sans discontinuer, deux aspics, deux vipères refusent de la mordre et lèchent sa sueur, on lui arrache les seins, du lait s'écoule au lieu du sang, on lui coupe la langue, elle la crache au visage de son bourreau qui devient aveugle, elle reçoit deux flèches et, après avoir résisté pourtant à pire, lassitude probablement, elle meurt... On comprend qu'un jour Luther fasse le ménage dans cet abattoir ridicule !

Le christianisme apparaît donc autour du XIIIe siècle comme un espace mental et intellectuel, ontologique et métaphysique, spirituel et philosophique, dans lequel on ne jouit que du corps détruit, coupé, taillé, martyrisé, éviscéré, brûlé, décapité, décharné, empalé, noyé, déchiré, fouetté, pendu, crucifié, violé, égorgé, lapidé, torturé, déchiqueté, étouffé, écartelé, assassiné, broyé, dévoré, enchaîné, ligoté, battu, pendu, frappé, bastonné, lacéré, scié, tué. Cette liste des jouissances chrétiennes fait indéniablement songer à celles du château de Silling du Marquis, puis à celles de l'auteur de *L'Anus solaire* : ce bouge métaphysique nourrit les bas-fonds de l'âme de nombre de corps chrétiens. Loin du *ce que peut le corps* spinoziste, voilà le résultat de *ce que doit le corps* formaté par la fable chrétienne : la sainteté par l'abjection.

II *Seconde théologie de l'éros chrétien*

Alfred Courmes, *Saint Sébastien*, 1934

Deuxième partie
Le tropisme sadique

1

Les sectateurs de Sade — Voragine et Sade mènent donc un combat identique — à quoi j'ajoute Georges Bataille. Certes il y eut la mort de Dieu, mais à quoi bon si elle n'est pas suivie de déchristianisation ? Faute de ce travail de désinfection philosophique, sur la question du corps comme sur beaucoup d'autres, nombre d'athées demeurent chrétiens : à savoir incapables d'envisager le corps, le sexe, la sexualité autrement qu'en vertu de leur nihilisme de la chair. Ces faux subversifs, vrais gnostiques chrétiens, restent contaminés par la passion thanatophilique. Dès qu'une chair apparaît, la jouissance devient une affaire de transgression qui exige la Loi. Paradoxalement, on ne trouve pas plus gardien de la Loi que ces prétendus libérateurs de la Loi...
Ce moment sadien de la pensée française correspond à la période structuraliste, période faste pour les délires textuels, sémiologiques, sémiotiques, linguistiques, période néfaste pour l'histoire, la biographie, les faits et, à dire vrai, pour une raison sainement conduite... Le texte n'avait alors pas besoin du contexte, la déconstruction structuraliste se contentait du fragment comme les chrétiens extrapolent le monde à partir d'une épine de la vraie couronne ou d'un fragment de la vraie croix... Le livre redevenait *le* Livre de la tradition monothéiste. La lecture renouait avec le tropisme scolastique : verbiage, nuages de fumée, religion de l'abscons, rhétorique sans fin, pinaillage conceptuel, renvois en abyme dans le corps même du texte se suffisant à lui-même : le monde disparaissait devant la page qui devenait monde et s'y substituait intégralement.
D'où des lectures totalement extravagantes et des contresens fameux sur quelques icônes du temps — dont Sade et Bataille, célèbre tandem qui constitua les riches heures d'un certain nombre de lieux saints : Cerisy-

la-Salle et Saint-Germain-des-Prés, Vincennes et le Collège de France, l'École normale supérieure et l'hôpital Sainte-Anne, la Sorbonne et la rue Racine… Quelques-uns des sectateurs (y compris mineurs) de cette époque avouent aujourd'hui leur conversion au catholicisme romain, leur goût pour Benoît XVI sans craindre la contradiction et signalent en passant leur passion demeurée intacte pour le marquis de Sade et Georges Bataille. Normal.

Lacan, l'un des grands enfumeurs de cette époque, un des compagnons de route des deux faux subversifs lui aussi (accessoirement l'époux de Sylvia, la première femme de Georges Bataille), enfonce à sa manière le clou *post mortem* avec la publication en 2005 de deux conférences, intitulées *Le Triomphe de la religion* (1974) et *Discours aux catholiques* (1960). Dans la première, il affirme : « La vraie religion, c'est la romaine. Essayer de mettre toutes les religions dans le même sac et faire ce que l'on appelle l'histoire des religions, c'est vraiment horrible. Il y a *une* vraie religion, c'est la religion chrétienne. » Déjà cette évidence surgit du texte que, pour bien enfumer, le magicien doit récuser l'histoire.

Cette religion (sadienne) n'est plus, morte comme elles finissent toutes. Sa date de naissance ? 1947, avec le début sulfureux de la publication de l'édition de Jean-Jacques Pauvert. Date de décès ? 1990, avec l'entrée en Pléiade dans le cuir de la reliure bleue de Kant et de Rousseau… Sade a fasciné la quasi-totalité de l'intelligentsia de la seconde moitié du XXe siècle : Breton et Char, Beauvoir et Bataille, Klossowski et Blanchot, Foucault et Deleuze, Lacan et Barthes, Sollers aussi… Aujourd'hui, on peut enfin faire de l'histoire, cesser de nourrir le mythe, lire enfin vraiment.

2

Le paulinisme du Marquis — Car la pensée de Sade, comme philosophie radicale de l'hédonisme féodal dont le principe cardinal est la négation de l'autre et la jouissance dans le crime, entretient le nihilisme de la chair chrétien plus qu'il ne le récuse. Les sadiens, tout à leur culte, enferrés dans leur religion textuelle, tournant le dos à l'histoire et à la biographie, présentent en effet le délinquant sexuel Sade comme un théoricien de papier des profondeurs de l'âme humaine. Dans leur légende, le Marquis, pourtant farouchement et indéfectiblement attaché à son sang bleu, y apparaît campé en révolutionnaire ; le libertin phallocrate se trouve déguisé en libérateur de l'amour ; le bourreau avéré, ce que confirme n'importe quelle biographie, devient une victime du système...

Haine viscérale des femmes, jouissance dans la douleur infligée, mais également dans celle que l'on s'inflige, goût des mortifications, extase dans la torture, avilissement des corps, punition de la chair, goût de la scénographie et de la théâtralisation des sévices, plaisirs associés aux supplices, considération de la libido comme une fatalité : le christianisme paulinien, le martyrologue romain, le modèle de l'imitation du corps du Crucifié ne sont pas loin... Sade jouit et fait jouir comme dans la *Légende dorée* jouissent Sabine, Pamphile, Perpétue, Laurent, André, Agnès, Agathe, Second, Calocérus, Juliette, Pierre, Adrien, Nathalie, Christine, Catherine et les autres.

Aux yeux de la plupart des sadiens de la période structuraliste, Sade fonctionne comme un « écrivant », un « écrivain », un « scripteur », un « logothète », un « auteur », un « narrateur », un « romancier ». Producteur de discours, inventeur de langue, laboureur de champ linguistique, il se contenterait de produire « des crimes d'écriture dont la scélératesse est syntaxique et rhétorique ». La biographie escamotée, la vie de l'homme passée sous silence, l'histoire singulière et générale congédiée, le culte du texte comme d'une hostie peut commencer.

Mais si l'on procède à rebours, en lisant l'œuvre en regard de la vie, si nous croisons les renseignements biographiques, les conditions historiques de production du discours, la lecture des correspondances, si nous sortons de la lecture microscopique textuelle pour proposer l'érudition d'une lecture existentielle, que découvre-t-on ? Que Sade formule la seconde théologie du nihilisme chrétien de la chair ; qu'il énonce, pour la

II Seconde théologie de l'éros chrétien

La Nouvelle Justine, ou les Malheurs de la vertu, tome VI, 1797

Gaudenzio Ferrari, *Le Martyre de sainte Catherine*, 1540

période d'après la mort de Dieu, un éros nocturne non-déchristianisé, en tout point semblable à celui de la première théologie ; qu'il réactive la haine millénaire des femmes et propose d'infinies variations sur le thème du corps des femmes comme lieu de vidange des hommes ; qu'il objective radicalement le corps pour le réduire à un pur jeu du fatalisme, un autre nom possible pour dire la Providence ; qu'il soumet la chair au déterminisme d'une libido impérieuse, un genre de diktat de la Nature comme il y en aurait un de Dieu...

3

Biographie d'un fourbe — J'ai examiné le dossier Sade dans un chapitre de ma *Contre-histoire de la philosophie*. Je ne développe pas à nouveau, mais je reprends les arguments rapidement pour montrer que la biographie confirme que Sade n'est pas une victime des pouvoirs (royaux, révolutionnaires, impériaux), mais un bourreau, quels que soient les pouvoirs... Ce dont témoignent les trois affaires qui, malgré l'impunité dont bénéficiaient les aristocrates sous le régime monarchique, lui vaudront tout de même trois procès : l'affaire Testard (1763), l'affaire Keller (1768), l'affaire de Marseille (1772). D'autres crimes ne sont jamais remontés jusqu'aux tribunaux grâce aux complicités dont le Marquis bénéficiait dans la police et la justice. On ne saura jamais non plus à qui appartenaient les ossements humains trouvés dans son jardin – une mauvaise plaisanterie, selon le Marquis...

Les trois affaires montrent que, dans la vie, Sade est sadique et ne se contente pas de créer un monde de fantasmes, d'extravaguer sur le papier, de se faire seulement le Krafft-Ebing de l'âme sexuelle. Car le *théoricien* de *La Philosophie dans le boudoir* a excellé comme *praticien* en délinquance sexuelle : enlèvements, empoisonnements, séquestrations, menaces de mort, voies de fait, coups et blessures, actes barbares, traitements inhumains et dégradants, viols, tortures, voilà autant de qualifications modernes pour ses faits et gestes. L'écriture n'est donc pas, comme la chose se trouve si souvent dite, la sublimation qui l'empêche de passer à l'acte (c'est bien plutôt la prison qui l'empêche de recommencer…), mais la broderie littéraire et philosophique effectuée sur un canevas autobiographique.

Sade le sadique scénographie, théâtralise et théorise le sadisme : il parle d'expérience, car il a frappé des femmes, abusé d'elles, y compris de manière sodomite, il les a ligotées, fouettées, blessées avec une lame de couteau, il a coulé de la cire fondue dans leurs plaies, menacé de mort avec pistolets et couteaux, il les a droguées à la cantharide pour abuser d'elles. Les suites judiciaires se perdent dans les arrangements : le Marquis paie ses victimes pour acheter leur silence, il active ses réseaux afin d'échapper à la justice ou pour obtenir des traitements de faveur, il bénéficie de la complicité de la police pour échapper à une arrestation, etc. Sade, victime ? Soyons sérieux…

Précisons que l'athée, le fameux auteur du *Dialogue entre un prêtre et un moribond*, a besoin de Dieu parce que sans Lui, pas de plaisir à L'insulter, pas de jouissance à blasphémer et à pratiquer le sacrilège : l'œuvre de papier regorge de mises en scène catholiques. Mais on trouve également ce besoin de christianisme dans l'affaire Jeanne Testard qui, dans sa déposition, précise que le Marquis s'est masturbé dans un calice ; qu'il est allé communier avec une fille dont il a ensuite abusé ; qu'il lui a intromisé des hosties dans le sexe ; qu'il a détaché trois crucifix d'ivoire du mur décoré de gravures licencieuses et d'images pieuses (« deux christs en estampe, un calvaire et une vierge ») pour les fouler au pied, avant de les arroser de son sperme ; qu'il s'est assuré de la confession catholique de sa victime avant d'injurier Dieu, puis de proférer que « Jésus-Christ était un Jean Foutre et la Vierge une Baisée » ; qu'il a exigé de Jeanne Testard qu'elle prenne un lavement puis qu'elle se vide sur l'un des crucifix… Pour un athée, que de crédits accordés aux fétiches de la religion

II Seconde théologie de l'éros chrétien

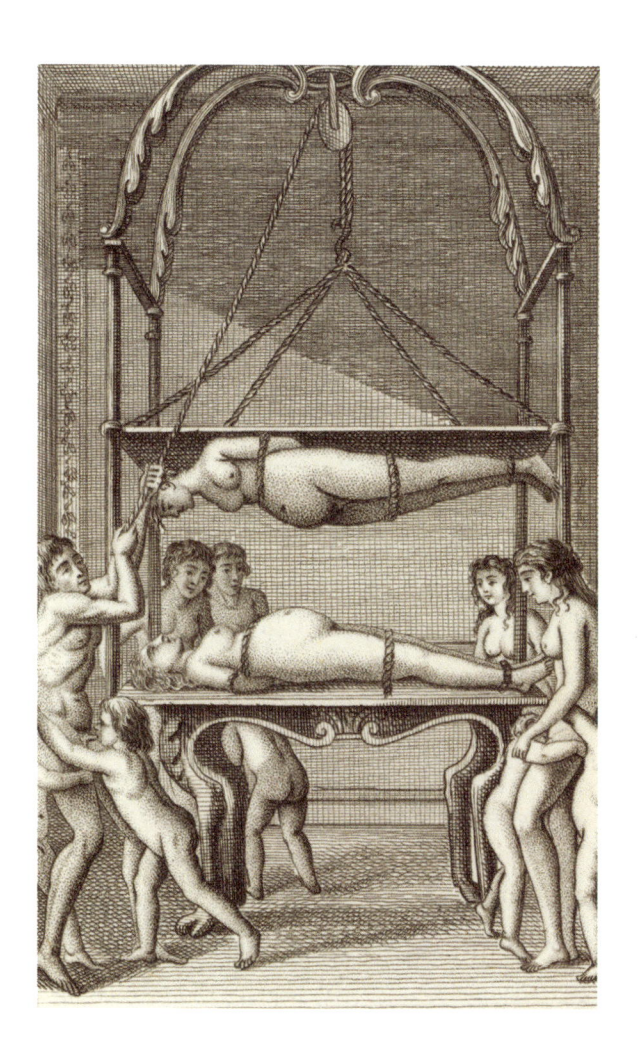

La Nouvelle Justine, ou les Malheurs de la vertu, tome X, 1797

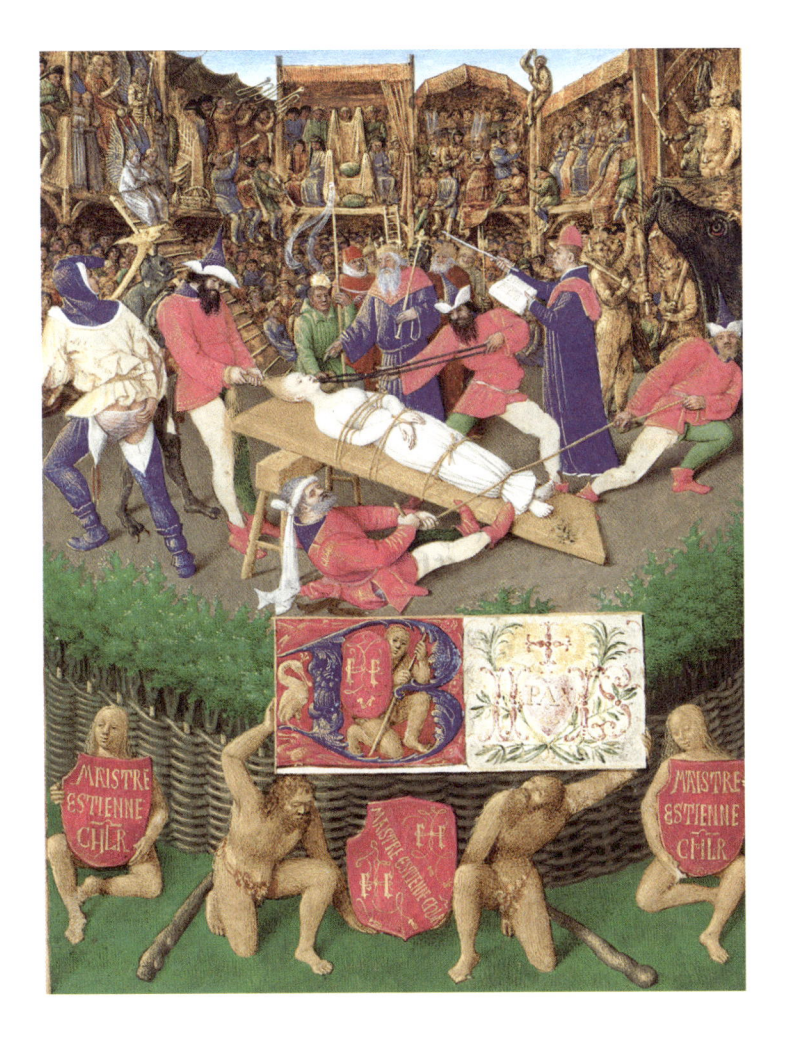

Jean Fouquet, *Les Suffrages des saints : martyre de sainte Apolline*, Livre d'heures d'Étienne Chevalier, 1455

chrétienne ! Quelle piété inversée, mais piété tout de même, avec ce qui compte pour moins que ça au regard d'un mécréant digne de ce nom ! Quelle singulière dévotion apportée aux crucifix, aux hosties, aux images pieuses, aux calices ! Sade, athée ou gnostique chrétien ?

4
Haine (chrétienne) des femmes – Saint Paul déteste les femmes, on a vu pour quelles raisons ; en lecteur attentif de la Genèse, Augustin rend Ève responsable du péché originel, puis il étend la responsabilité à la totalité des femmes ; les Pères de l'Église poursuivent la construction intellectuelle de l'édifice misogyne et phallocrate chrétien ; le christianisme voue donc aux gémonies le corps des femmes, leur ventre qui abrite le serpent, leur sexe par où il s'introduit. Le sexe, la libido ? funeste fatalité.
Le marquis de Sade reprend à son compte la totalité de ces fables et fait sienne la névrose chrétienne de la haine des femmes. Partout dans son œuvre, partout dans sa vie, Sade pense le corps des femmes comme des outres à sperme, des réceptacles à ordures, des réservoirs à sanies, il affirme sans cesse que leur ventre est une poubelle où se fabrique la vie, le pire du pire, et que, pour cette raison, il faut les sodomiser sans relâche et répugner au coït par le sexe. Propos tenu par un libertin à une femme dans *Les Cent Vingt Journées* : « En général, offrez-vous toujours très peu par devant ; souvenez-vous que cette partie infecte que la nature ne forma qu'en déraisonnant est toujours celle qui nous répugne le plus »…
Les tirades misogynes abondent dans l'œuvre. Ainsi dans *La Nouvelle Justine* : « Les femmes, spécialement créées pour nos plaisirs, doivent uniquement les satisfaire en quelque cas et sous quelque rapport que ce puisse être : si elles s'y refusent, il faut les tuer comme des êtres inutiles, comme des animaux dangereux. » Puis, dans *La Philosophie dans le boudoir* : « La destinée de la femme est d'être comme la chienne, comme la louve : elle doit appartenir à tous ceux qui veulent d'elle. » Et, retour

aux *Cent Vingt Journées de Sodome* : « Une langue de femme n'est bonne qu'à torcher un cul »... Cessons là, et n'ayons pas la cruauté de démonter dans le détail l'habituel discours sur Sade féministe, Sade libérateur du sexe, Sade ami des femmes... Sur la question du statut ontologique des femmes, Sade et Paul agissent en complices ! Voilà qui augure mal une érotique solaire, féministe, égalitaire.

5
La volupté dans la mort — Comme Voragine dans sa *Légende dorée*, Sade associe la jubilation et la mort, la jouissance et la torture, la béatitude et l'assassinat, la joie et les supplices, l'extase et le massacre. J'avais dans ma *Contre-histoire de la philosophie* effectué un relevé des jouissances cataloguées dans *Les Cent Vingt Journées de Sodome*. Que l'on me permette une citation pure et simple. Voici la liste : « éjaculer sur le visage d'une jeune fille » ; uriner sur le sexe d'un curé ; avaler la morve d'une vieille ; boire l'urine d'un grabataire malpropre ; se masturber dans des cheveux, sur un cul ou tout autre membre ; défoncer un cul, un con ; dissimuler un corps, sauf une partie ; jouir des mauvaises odeurs — pets, excréments, sueur ; avaler une décoction de crasse, de saleté, de merde humaine ayant mariné dans du champagne ; manger les sécrétions fermentées accumulées entre les doigts de pied ; gober les rots d'une femme qui n'arrête pas d'en produire ; idem avec les pets ; boire le vomi d'une femme gorgée d'émétique ; manger des aliments humectés au sexe d'une octogénaire ; lécher l'anus pustuleux d'un vieillard ne s'étant jamais lavé ; boire le sang menstruel ; manger fausses couches et fœtus ; se délecter de toutes sortes d'étrons humains, chauds, froids, tièdes, secs, humidifiés à l'urine, fermentés, moisis ; boire des lavements confectionnés avec du lait ; contrefaire les cris d'un enfant ; se faire langer ; dépuceler avec un étron ; fouetter avec divers objets : verges imbibées de matière fécale, de vinaigre, fouets aux lanières d'acier, martinets avec pointes recourbées ;

II Seconde théologie de l'éros chrétien

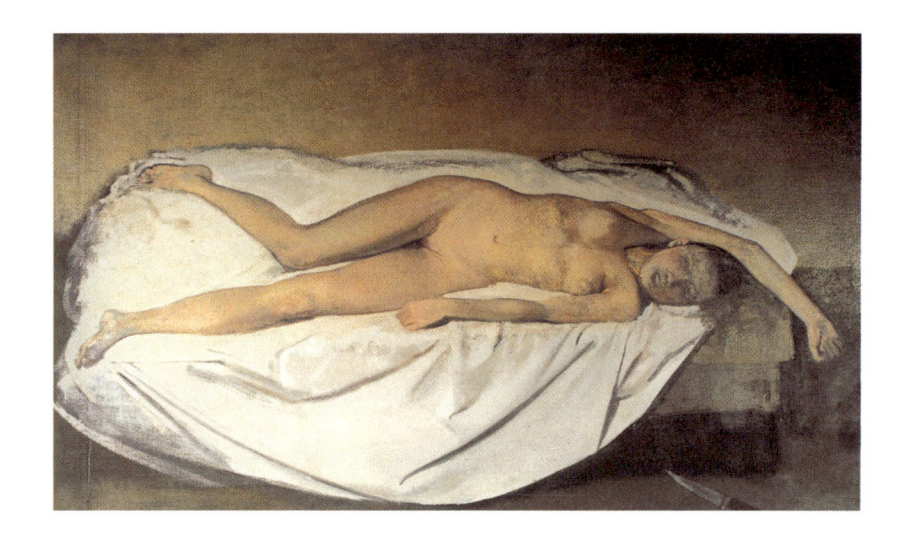

Balthus, *La Victime*, 1939-1946

frictionner les plaies à l'urine ; « péter dans un verre de vin de champagne » ; se faire attacher à une échelle puis transpercer les testicules avec des aiguilles d'or ; *idem* avec le gland, les fesses ; se faire brûler avec des pinces, piquer avec une alène de cordonnier ; introduire un bâton avec des épines dans l'urètre d'un homme ; brûler le sexe avec la cire d'une bougie ; se faire lier les articulations et serrer le cou ; « se faire coudre le trou du cul » ; imbiber les poils avec un liquide inflammable et y mettre le feu ; brûler l'anus avec une bougie ; jouer à pète en gueule ; blasphémer ; doucher à l'eau bouillante ; frotter le corps avec du gravier porté à l'incandescence ; se branler sur un cercueil ; profaner cimetières et cadavres ; tuer et sodomiser une jeune femme dans la seconde suivant l'assassinat ; éjaculer en assistant à une exécution capitale ; simuler un homicide – enfermer dans un sac, le coudre, le jeter à l'eau, le récupérer ; brûler vif le corps d'une femme ; enfermer dans une cage de fer sans possibilité de se tenir debout ou de s'asseoir ; gonfler une femme par l'anus avec un soufflet de forge jusqu'à éclatement ; sodomiser un dindon, le décapiter au moment de décharger ; idem avec chiens, chats, boucs, cygnes, chèvres ; se faire sodomiser par un cheval, un taureau ; entrer un serpent dans son anus ; enfermer dans un cercueil ; simuler une exécution ; crucifier ; installer dans un caisson à raréfier l'oxygène ; effectuer des lavements à l'huile bouillante ; faire avorter une femme ; saigner jusqu'à l'évanouissement ; confectionner du boudin avec son sang et le manger ; cautériser les plaies au fer rouge ; arracher les dents ; donner des coups de marteau ; casser des membres ; énucléer, inciser, tailler, couper les corps ; réduire un homme à l'état de tronc et le sodomiser chaque jour pendant une année ; jeter « dans un four ardent » ; organiser des spectacles de pendaisons ; « remplir des fosses de cadavres ». Et ce sur quatre cents pages… J'abrège ! Dans *Sade, Fourier, Loyola*, Barthes parle du « principe de délicatesse » du marquis de Sade ; et Bataille écrit dans *L'Érotisme* : « Le langage de Sade nous éloigne de la violence. » En effet…

Troisième partie
Une théologie négative thanatophile

1

Sade *versus* Bataille – L'intégralité de l'argumentaire des défenseurs de Sade se trouve dans *L'Érotisme* de Georges Bataille. Les thuriféraires se contentent de répéter bêtement : les « victimes » sont les bourreaux, car elles voient dans le Marquis une proie de choix à ponctionner financièrement ; le « bourreau » est une victime des pauvres, de gens sans morale (prostituées, filles faciles, chômeuses), de jaloux d'un riche propriétaire d'extraction noble ; les fameuses exactions de Sade sont courantes, banales, habituelles à cette époque et dans ce milieu ; de plus, elles ne se révèlent guère nocives, il n'y eut pas mort d'homme ; etc. Ces défenseurs du Marquis me font penser à ce phrénologue qui examina le crâne de Sade et, ignorant tout de son propriétaire, conclut que l'os provenait d'un homme ayant pratiqué la bonté et la ferveur. Puis il ajoutait, se trompant au passage d'un millénaire : « Peut-être un Père de l'Église »…

Bataille lit Sade en 1926 et préface *Justine ou les Malheurs de la vertu* en 1950. *L'Érotisme* contient deux textes sur le Marquis : « L'homme souverain de Sade » et « Sade et l'homme normal », qui recycle la préface en question. Dans ce dernier texte, on peut lire : « Sade, dans sa vie, tint compte d'autrui » – Rose Keller, Jeanne Testard et les protagonistes de l'affaire de Marseille, parmi d'autres victimes, témoignent ! Les mânes du squelette dans le jardin aussi.

Autre assertion convoquée à la barre de la défense : sa « maturité politique fondée sur l'instinct du peuple », à quoi on ajoute aussi souvent son opposition à la peine de mort. Or, son inscription à la section des Piques relève du pur opportunisme politique, autant que son désir de se faire appeler Louis : sa clémence à l'endroit des aristocrates au Tribunal révolutionnaire révèle aux plus fins commentateurs son empathie de classe. La haine de Sade pour le peuple a été constante : aussi bien dans l'œuvre, où l'on trouve des pages qui souhaitent son massacre en masse, que dans les rares lettres qu'il écrit quand il sait qu'elles échapperont à la censure.

Lisons dans *La Nouvelle Justine* : « L'animal féroce connu sous le nom de peuple a nécessairement besoin d'être conduit avec une verge de fer : vous êtes perdu, dès l'instant où vous lui laissez apercevoir sa force. » Et plus loin : « Le sang impur de la populace, si j'étais souverain, coulerait à tous les instants de ma vie. » Sade ami du peuple ? Un pur effet de cynisme politique. Quant à son opposition à la guillotine, elle date de l'époque où il croupit en prison et où, de sa fenêtre, il assiste chaque jour à la décapitation des condamnés ! Sa position théorique ressemble à une assurance-vie sur son avenir proche dans un temps révolutionnaire…

La lecture des différentes versions de ses œuvres permet de constater qu'en fonction du vent politique, ses idées tournent : étonnamment, elles se trouvent toujours dans le sens de la brise du moment ! Le goût des structuralistes pour *le* texte n'allait pas jusqu'au goût pour *les* textes et leur confrontation : l'exercice, impitoyable, montre que le héros prétendument subversif et libertaire écrit parfois des pages enflammées en forme d'éloge du christianisme et de la monarchie, comme tout libertin qui se respecte, car le peuple a besoin de ces garde-fous que sont le prêtre et le roi alors que le grand seigneur méchant homme, lui, n'a pas besoin de ces triques bonnes pour le peuple.

Lisons : « Il ne faut jamais arracher le bandeau des yeux du peuple ; il faut qu'il croupisse dans ses préjugés, cela est essentiel. […] Ne cessons jamais de tenir le peuple sous le sceptre des tyrans ; protégeons les trônes, ils protégeront l'Église, et le despotisme, enfant de cette union, maintiendra nos droits dans le monde. Les hommes ne se mènent qu'à la verge de fer. » Suit un éloge de l'Inquisition… Sade, républicain ? Sade, athée radical ? Sade, antichrétien ?

2

Le bourreau ? Une victime – Dernier argument de Georges Bataille en faveur de Sade : « Le langage de Sade est celui d'une victime. » On atteint là un sommet de sophisterie ! À la Bastille, où notre pauvre victime peut recevoir son monde et écrire, Sade subit selon Bataille un « châtiment cruel » – on croit rêver en lisant sous la plume d'un homme averti de ce qu'est un châtiment vraiment cruel, celui du supplice chinois qui le mettait en extase par exemple, que le Marquis subisse ce que prétend le bibliothécaire ! Quant aux victimes de la furie délinquante du personnage, elles n'auront droit nulle part à ce genre de compassion dans l'œuvre complète de Bataille. Même remarque en ce qui concerne le dossier Gilles de Rais que je préfère laisser de côté.

Commence alors cette religion d'un pauvre Sade victime de la tyrannie des pouvoirs successifs, cette légende d'un homme enfermé et persécuté de façon arbitraire (ah ! le bouc émissaire idéal de « la belle-mère »…), ce mythe d'un philosophe incompris par sa famille, le roi, les révolutionnaires, puis l'empereur, cette fable d'un penseur dont la seule faute aurait consisté à vouloir sonder l'âme humaine, à être allé au plus profond d'elle, et dont l'unique forfait serait d'avoir consigné sur le papier ses découvertes en matière de psychologie des profondeurs : un genre de Freud inoffensif mis en prison par des méchants…

Où l'on retrouve la logique habituelle (quiconque a mis les pieds en prison une fois constate la permanence de cette logique) de la victime transformée en bourreau et du bourreau présenté en victime. Bataille écrit : « Le langage de Sade est celui d'une victime. » J'écrirais plutôt pour ma part : « Le langage de Sade est celui d'un bourreau qui, comme tous les bourreaux, se présente comme une victime. » Quels sont les arguments de Bataille pour affirmer pareille sottise ?

Si un bourreau véritable devait écrire les scènes infligées à des victimes, il n'écrirait pas comme Sade écrit. Autrement dit : le style, la syntaxe et la grammaire, le vocabulaire également, expriment la vérité d'un personnage. Un bourreau écrit comme un bourreau, une victime comme une victime. Et cela tombe à point : Sade n'écrit pas comme un bourreau ! Quel besoin des tribunaux quand un professeur de français lisant la copie du prisonnier s'acquitterait plus justement du travail ? Ravages de cette religion de la sémiologie…

Qu'il remplisse plus de quatre mille pages de Pléiade pour appeler à la jouissance dans le crime ; qu'il vive une vie dans laquelle le sadisme tient une place centrale ; qu'il y ait eu des victimes réelles, des procès concrets, des noms propres derrière ces affaires ; qu'il ne se soit jamais expliqué sur le cadavre enterré dans son jardin : voilà qui compte pour rien si son style montre, non pas la distinction propre à ceux de sa caste, de son rang, de son sang, mais qu'il ne saurait faire partie du monde des bourreaux…

Bataille argumente. Dans un étrange passage de *L'Érotisme*, il confie qu'il vient de lire le récit d'un déporté qui le déprime (pauvre chéri !) et propose un jeu : inverser les rôles et demander non pas à la victime de la barbarie nazie d'écrire ce texte, mais au bourreau. Et Bataille s'y colle : « Je me jetai sur lui en l'injuriant, et comme, les mains liées au dos, il ne pouvait répondre, à toute volée j'écrasai mes poings sur son visage, il tomba, mes talons achevèrent la besogne ; écœuré, je crachai sur une face tuméfiée. Je ne pus m'empêcher de rire aux éclats : je venais d'insulter un mort ! » Puis il ajoute : « Malheureusement, l'aspect forcé de ces quelques lignes n'est pas lié à l'invraisemblance… Mais il est improbable qu'un bourreau écrive jamais de cette façon. » Parole de chartiste – CQFD…

(Je n'aurai pas la cruauté de pratiquer l'exégèse textuelle de ces quelques lignes d'un Georges Bataille s'essayant à l'écriture d'une scène de torture du point de vue du bourreau et utilisant mal à propos un « comme » qui suppose en toute logique une relation de causalité entre le fait d'avoir les mains liées dans le dos et celui de ne pas pouvoir répondre, une situation qui déchaîne le tortionnaire, mais une induction que l'on imagine mal en dehors de la licence littéraire... Cette façon de maltraiter la langue française témoignerait, si Bataille avait raison, pour la preuve d'un Bataille bourreau... Or Bataille se contente tout simplement de torturer l'écriture, péché véniel.)

D'où ce paradoxe ainsi résumé : un bourreau ne saurait écrire une langue littéraire ; or Sade écrit une langue littéraire ; donc Sade n'est pas un bourreau. Le paralogisme fonctionne aussi avec Bataille qui, la Pléiade témoigne, écrit une langue littéraire, donc il ne saurait être un bourreau. On lira avec intérêt les *Mémoires* de Lacenaire, celles de Samson, bourreau du roi, on pourra aussi ajouter *Le commandant d'Auschwitz parle*, le témoignage bien écrit de Rudolf Hoess ; on y verra une langue littéraire pratiquée par des gens qui, pourtant, firent couler le sang des autres... L'impunité par la littérature relève de la juridiction d'exception pratiquée par les littérateurs mêmes !

3

La confession d'un corps – Je souscris au diagnostic posé par Nietzsche dans les premières pages du *Gai Savoir*, et ne cesse de le répéter, le dire et l'écrire. Je cite cette page sublime : « L'inconscient déguisement des besoins physiologiques sous le manteau de l'objectif, de l'idéal, de l'idée pure va si loin que l'on pourrait s'en effrayer – et je me suis assez souvent demandé si, d'une façon générale, la philosophie n'a pas été jusqu'à présent surtout une interprétation du corps et un *malentendu du corps*. Derrière les plus hautes évaluations qui guidèrent jusqu'à présent l'histoire de la pensée se cachent des malentendus de conformation physique, soit d'individus, soit de castes, soit de races tout entières. On peut considérer toujours en première ligne toutes ces audacieuses folies de la métaphysique, surtout pour ce qui en est de la réponse à la question de la *valeur* de l'existence, comme des symptômes de constitutions physiques déterminées. »

Voilà pour quelles raisons, en nietzschéen, c'est-à-dire en adversaire de la religion structuraliste, je souhaite restaurer la biographie dans le monde philosophique comme voie d'accès privilégiée à l'œuvre. Non pas pour le potin, l'anecdote, l'écume ou la facilité, sinon l'éviction de la philosophie, mais parce que selon cette méthode (superbement mise en œuvre par Lou Andreas-Salomé pour... Nietzsche dans *Friedrich Nietzsche à travers ses œuvres*), on saisit mieux les mécanismes de la production des idées, la logique des pensées, l'architectonique des systèmes.

Ce traitement ne peut fonctionner avec un mythe comme Jésus, évidemment. En revanche, le cas de Paul de Tarse offre l'une des illustrations les plus pertinentes de la relation entre le « malentendu du corps » d'un impuissant et son universalisation métaphysique par le bras des légions impériales...

Il y aurait beaucoup à dire sur la relation très œdipienne d'Augustin et de sa mère Monique, les scènes hystériques entre l'un et l'autre, la conversion de l'ancien sectateur de Mani, futur saint de l'Église catholique, à la religion de sa maman chérie, les *Confessions* comme déclaration d'amour à la mère...

Augustin signale dans les *Confessions* les « pleurs quotidiens » (VI, II, 1) de Monique souhaitant que son manichéen de fils, anciennement bambocheur, devienne chrétien. Ce texte majeur dans l'économie de l'histoire des autobiographies philosophiques souligne également le désir « trop charnel » (V, VIII, 15) de sa mère pour lui qui justifie et explique son départ pour Rome dans le dessein de s'éloigner d'elle *physiquement*. En se donnant à la religion de Monique, Augustin s'offre à sa mère... Mais la place manque ici pour une psychobiographie de la relation œdipienne du Père de l'Église le plus considérable... Revenons à Sade.

Gilbert Lély, l'un des biographes du Marquis, signale la configuration sexuelle spécifique qui lui ferait associer l'éjaculation et la douleur – trop

II Seconde théologie de l'éros chrétien

« Le monde lié à l'image ouverte du supplicié photographié, dans le temps du supplice, à plusieurs reprises, à Pékin, est, à ma connaissance, le plus angoissant de ceux qui nous sont accessibles par des images que fixa la lumière. Le supplice figuré est celui des Cent Morceaux, réservé aux crimes les plus lourds. [...] Je possède depuis 1925 un de ces clichés. Il m'a été donné par le docteur Borel, l'un des premiers psychanalystes français.
Ce cliché eut un rôle décisif dans ma vie. Je n'ai pas cessé d'être obsédé par cette image de la douleur, à la fois extatique et intolérable. J'imagine le parti que, sans assister au supplice réel, dont il rêva, mais qui lui fut inaccessible, le marquis de Sade aurait tiré de son image : cette image, d'une manière ou de l'autre, il l'eût incessamment devant les yeux. Mais Sade aurait voulu le voir dans la solitude, au moins dans la solitude relative, sans laquelle l'issue extatique et voluptueuse est inconcevable. »
Georges Bataille, *Les Larmes d'Éros*, 1961

beau pour être vrai... Ce qui définit son « algolagnie », autrement dit l'association pathologique entre plaisir et douleur, jouissance et souffrance, extase et sévices, procéderait donc d'une particularité physiologique ? Peut-être celle qui justifie que, dans son testament, Sade s'oppose expressément à toute ouverture de son corps, pour quelque raison que ce soit ? Le philosophe du déterminisme de la nature et de la fatalité de la matière voulait-il éviter l'éclairage du mécanisme de son éros nocturne ? Sur ce terrain, de fait, le bourreau peut bien être dit victime...

4
Aveugle, paralytique et syphilitique – Si la biographie nietzschéenne ouvre des perspectives intéressantes sur l'œuvre, il faut sans conteste, pour approcher *L'Érotisme* de Georges Bataille, puis en obtenir le maximum de sens, interroger la vie de son auteur. Sa proximité intellectuelle et philosophique avec Sade procède à l'évidence d'une parenté physiologique, biologique, psychologique, voire psychiatrique : un homme ne trouve pas tant d'excuses à l'inexcusable qu'il ne se sente personnellement concerné par les enjeux du procès...
Georges Bataille fut le fruit d'un père syphilitique dont la maladie avait assez fait de ravages pour qu'au moment de la conception il ait été déjà aveugle. Quand l'enfant a trois ans, l'évolution tabétique a transformé le père en paralytique. Le père fait sous lui, crie, râle. La mère effectue une première tentative de suicide, on la dépend à temps. Plus tard elle veut se noyer : son fils, parti à sa recherche, la retrouve dans l'eau jusqu'à mi-corps. Parlant de tout cela dans une lettre à son frère, Bataille écrit en 1961 : « De ce qui est en question, je suis sorti détraqué pour la vie. » Croyons-le sur parole.
À quatorze ans, l'amour avoué jadis pour son père se transforme en haine : « Je commençais alors à jouir obscurément des cris de douleur que lui arrachaient continuellement les douleurs du tabès classées parmi les plus terribles. L'état de saleté et de puanteur auquel le réduisait fréquemment

son infirmité totale [...] était, de plus, loin de m'être aussi désagréable que je croyais. » Bataille prétend que son père aurait alors cherché à abuser sexuellement de lui. Dans *Georges Bataille, la mort à l'œuvre*, Michel Surya, son scrupuleux biographe, parle d'un viol vraisemblable...

En 1914, Georges Bataille se convertit au catholicisme, se fait baptiser, puis confirmer. Le futur auteur des *Larmes d'Éros* devient extrêmement pieux, il participe aux offices matinaux, prie avec ardeur, se confesse très régulièrement. Cette époque de sa vie — il a dix-sept ans — correspond à un temps d'automutilations. Fin août, sa mère maniaco-dépressive quitte Reims avec son fils, laissant le père sous les bombardements en compagnie d'une femme de ménage. En 1917, Bataille entre au séminaire pour un an. L'année suivante paraît son premier livre : *Notre-Dame de Reims*. Il effectue un séjour dans un monastère et envisage de devenir prêtre. Dans une lettre à Kojève datée du 6 décembre 1937, Bataille parle de « la blessure ouverte qu'est (sa) vie ».

De fait, toute son existence se trouve placée sous le signe de la blessure. Bataille confesse des expériences mystiques récurrentes : la mort du torero Manuel Granero, énucléé, le crâne transpercé par une corne dans les arènes de Madrid le 22 mai 1922 ; « une sorte d'abrutissement extatique » devant la scène d'une copulation anale entre deux singes dans le zoo de Londres en 1927 ; la découverte en 1925 d'une photographie d'un supplice chinois qui représente une femme nue, les seins arrachés, les côtes visibles dans les deux trous d'une blessure dont coule le sang : « Ce cliché eut un rôle décisif dans ma vie », écrit-il — icône transmise par Adrien Borel, son psychanalyste pendant un an ; la masturbation sur le cadavre de sa mère, rue de Rennes, le 15 janvier 1930 ; le projet de sacrifier un être humain pour constituer et sanctifier une société secrète au pied d'un chêne foudroyé dans la forêt de Marly, près de Saint-Germain-en-Laye en 1937 ; et nombre de scènes de bordels dans lesquels il engloutit des fortunes...

Bataille connaît de longs moments de dépression nerveuse, ainsi que de durables crises de désespoir. Adrien Borel lui confirme, lors de ses séances d'analyse, que la meilleure des thérapies, vu son état, c'est l'écriture. Dont acte. Il y eut donc des récits, nourris d'expériences personnelles, infusés de fragments d'autobiographie, dont *L'Anus solaire*, *Ma Mère*, *Madame Edwarda*, *Histoire de l'œil*. Mais également des textes théoriques dont *L'Érotisme*, ou *Les Larmes d'Éros*, qui se présentent comme une théorie générale, susceptible d'être universalisée donc, de l'érotisme.

5
Un gnosticisme chrétien – Certes le philosophe revendique l'« expérience intérieure », récuse la philosophie universitaire de cabinet et d'estrade, voilà son aspect le plus sympathique. Mais il souligne dès l'introduction à *L'Érotisme* : « Ce livre se réduit à la vue d'ensemble de la vie humaine, sans cesse reprise à partir d'un point de vue différent. » Une « vue d'ensemble de la vie humaine » qui part d'une « expérience intérieure » qui, par bien des aspects, ne parvient pas à autre chose qu'à transformer la *confession d'une subjectivité*, son idiosyncrasie, en *théorie générale de l'érotisme*.
Que Bataille propose *une* théorie de l'érotisme, soit ; mais qu'il pense énoncer ainsi *la* théorie de l'érotisme, voilà qui mérite examen critique… Je crois bien plutôt qu'il propose l'une des versions du nihilisme de la chair de la civilisation judéo-chrétienne, sa version datée d'après la mort de Dieu. Le philosophe part du particulier, comme tout un chacun, y compris et surtout les philosophes, mais ne parvient pas à se hisser à l'universel et reste prisonnier du particulier.
L'Érotisme de Georges Bataille propose moins une théorie subversive, postchrétienne, de l'érotisme qu'une lecture gnostique et chrétienne de l'éros, comme chez Sade, dans l'optique de la théologie négative. Car je ne crois pas à la conversion athée de Bataille en 1922, à son devenir sans Dieu

II Seconde théologie de l'éros chrétien

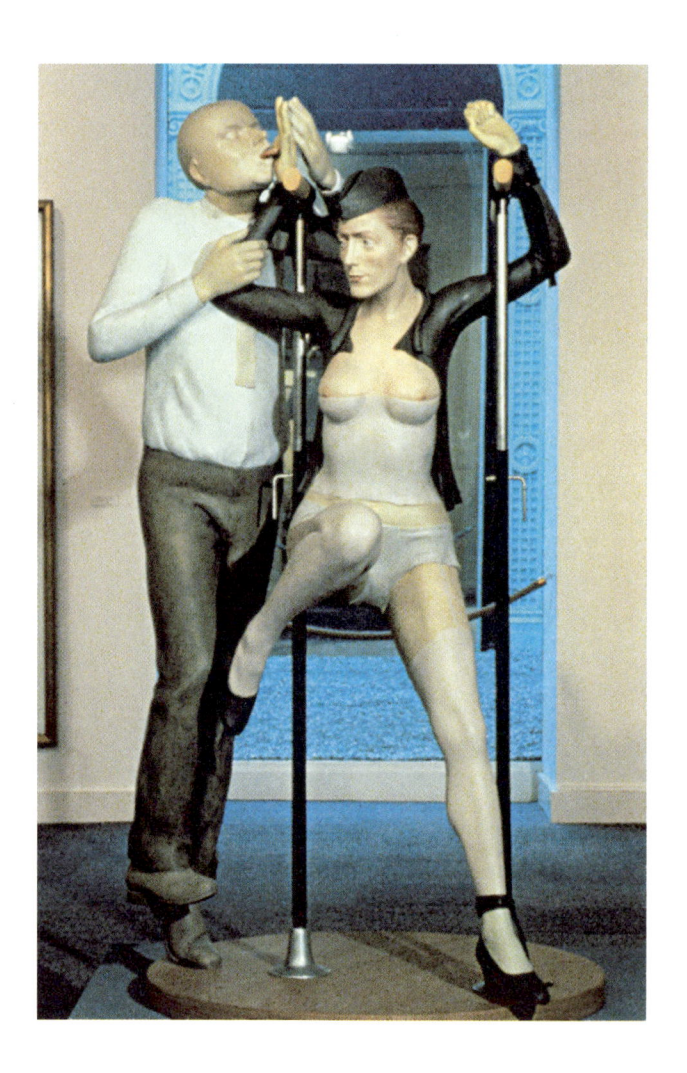

Pierre Klossowski, *Roberte et les barres parallèles*, 1990

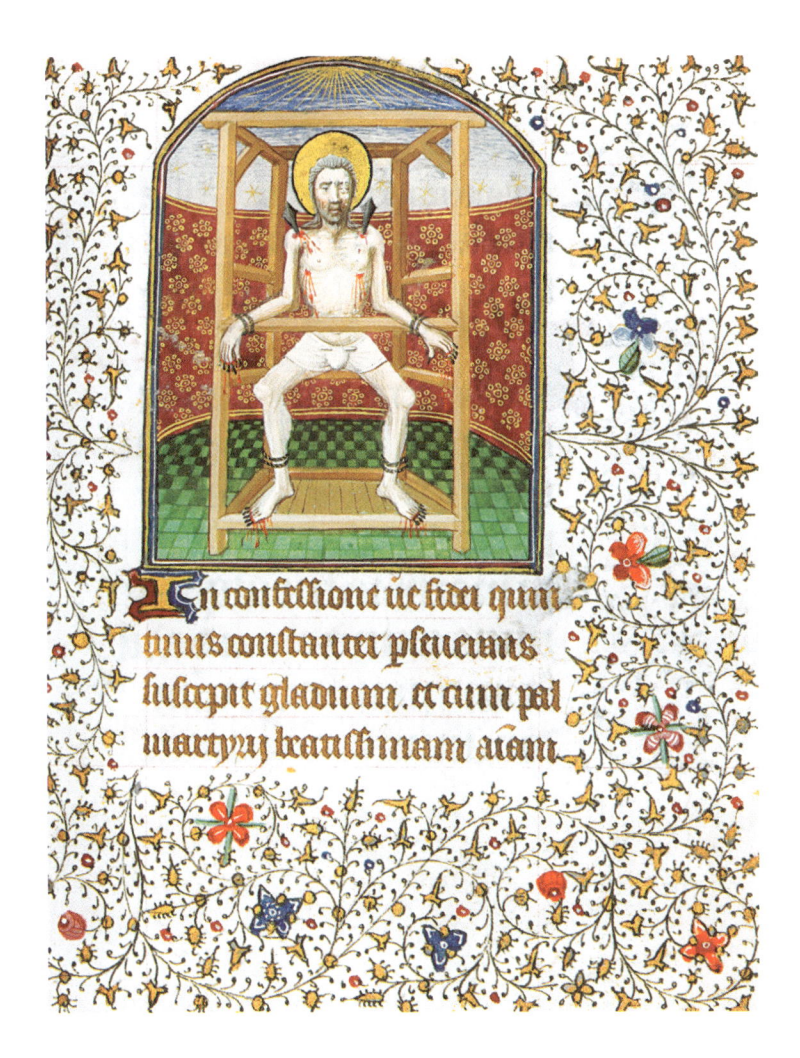

Maître de Hoo, *Horae ou Heures à l'usage de Rome, dites de Béthune*, 1430-1435

sous le signe d'expériences subjectives radicales et de lectures, dont celle de Nietzsche. Je tiens bien plutôt à une autre hypothèse : Bataille infléchit son catholicisme dans le double sens du gnosticisme et de la théologie négative. Gnostique, comme Sade, Bataille l'est, car il croit à la possibilité d'une connaissance générale dans un monde marqué par la négativité – le réel est la créature d'un mauvais démiurge, ou l'effet du geste d'Ève… Dans le courant gnostique, qui constitue l'un des bains de culture du christianisme primitif, il existe un courant licencieux dont j'ai raconté l'aventure dans *Le Christianisme hédoniste*, le tome II de la *Contre-histoire de la philosophie*. Basilide, Carpocrate, Valentin, Simon, Épiphane, Cérinthe, Nicolas pensent le corps non pas en ennemi, mais comme un moyen de réaliser l'union mystique avec Dieu, le véhicule de l'extase et de la jouissance, l'occasion d'une prière jubilatoire. Le corps doit être conduit à ses limites extrêmes pour créer un état de « connaissance par les gouffres » débouchant sur la clairière d'une divinité indicible.

Bataille est un gnostique chrétien parce que, comme Sade, il pense à partir d'une chair chrétienne qu'il torture, maltraite, salit, couvre de crachats, d'urine, d'excréments, d'insultes, d'ordure, de sperme – lire la litanie des possibles de cet « érotisme sanieux » (selon l'heureuse expression d'Étiemble dans *L'Érotisme et l'amour*) à longueur de récits reliés en Pléiade et mettre en perspective avec la liste des possibles sadiens extraits des *Cent Vingt Journées de Sodome*… Si l'on passe du récit à la théorie, les conclusions demeurent. J'ouvre *L'Érotisme*, et j'établis la liste des mots que Bataille associe à l'éros.

La voici : sacré, religieux, effroi, angoisse, transgression, mort, inceste, décomposition, pourriture, putréfaction, vermine, guerre, sacrifice, duel, vendetta, nausée, dégoût, meurtre, sang, menstruations, chasse, animalité, bestialité, violence, viol, honte, péché, droit de cuissage, prostitution, sacrilège, sabbat, abjection, profanation, souillure, déchéance, obscénité, crime, folie, sadisme, bourreau, excrément, solitude, faute, silence, douleur, détresse, répugnance, horreur, impureté, louche, équivoque... Sont-ce là les seuls mots susceptibles d'être associés à l'érotisme ? Au corps de l'autre ? Aux femmes ? Au plaisir ? À la chair ?

6

Une théologie négative – Je ne crois pas à la rupture de Georges Bataille avec le catholicisme de sa jeunesse, mais à un infléchissement méthodologique du côté de la théologie négative, à un affinement philosophique et théologique de son mode de croire – et, conséquemment, de prier en orant des bordels... Mais sa théologie négative reste chrétienne, paulinienne même. Dès les premières pages de *L'Érotisme*, Bataille prend soin de préciser à propos de cette fameuse « vue d'ensemble » qu'il propose dans ce livre : « Les yeux fixés sur une telle *vue d'ensemble*, rien ne m'a plus attaché que la possibilité de retrouver dans une perspective générale l'image dont mon adolescence fut obsédée, celle de Dieu. Certes je ne reviens pas à la foi de ma jeunesse. Mais dans ce monde abandonné que nous hantons, la passion humaine n'a qu'un seul objet. Les voies par lesquelles nous l'abordons varient. Cet objet a les aspects les plus variés, mais de ces aspects, nous ne pénétrons le sens qu'en apercevant leur cohésion profonde. » Et, je souligne, cette phrase qui suit : « J'insiste sur le fait que, dans cet ouvrage, les élans de la religion chrétienne et ceux de la vie érotique apparaissent dans leur unité. » *Ite missa est...*
Sa démonstration terminée, dans les dernières pages du livre, Bataille parle clairement de « théologie négative ». Le texte reprend la préface de *Madame Edwarda*, un récit publié sous le pseudonyme de Pierre Angélique. On peut y lire : « À l'issue de cette réflexion pathétique, qui, dans un cri, s'anéantit d'elle-même, en ce qu'elle sombre dans l'intolérance d'elle-même, nous retrouvons Dieu. C'est le sens, c'est l'énormité, de ce petit livre *insensé* : ce récit met en jeu, dans la plénitude de ses attributs, Dieu lui-même ; et ce Dieu, néanmoins, est une fille

publique, en tout point pareille aux autres. Mais ce que le mysticisme n'a pu dire (au moment de le dire, il défaillait), l'érotisme le dit : Dieu n'est rien s'il n'est pas dépassement de Dieu dans tous les sens ; dans le sens de l'être vulgaire, dans celui de l'horreur et de l'impureté ; finalement dans le sens de rien... Nous ne pouvons ajouter au langage impunément le mot qui dépasse les mots, le mot *Dieu* ; dès l'instant où nous le faisons, ce mot se dépassant lui-même détruit vertigineusement ses limites. Ce qu'il est ne recule devant rien. Il est partout où il est impossible de l'attendre : lui-même est une énormité. Quiconque en a le plus petit soupçon se tait aussitôt. Ou cherchant l'issue, et sachant qu'il s'enferre, il cherche en lui ce qui, pouvant l'anéantir, le rend semblable à Dieu, semblable à rien. » Ces quelques lignes constituent une définition parfaite de ce qu'est la théologie négative – dont Bataille écrit que, « fondée sur l'expérience mystique », elle double toujours la théologie positive. Avec la théologie négative, Dieu est tout parce qu'il n'est rien ; Dieu est d'autant plus grand que l'on magnifie le rien ; Dieu existe d'autant plus qu'on le nie ; Dieu recule en proportion inverse à notre mouvement vers Lui ; Dieu s'approche au plus près quand on est au plus loin de Lui ; Dieu existe lorsqu'on le blasphème ; Dieu resplendit quand on le profane ; Dieu rayonne quand on s'enfonce dans l'abjection – formules que l'on pourrait tout aussi bien réécrire en substituant le corps à Dieu : le corps est tout parce qu'il n'est rien, le corps est d'autant plus grand, etc.

Théologie positive de Paul et d'Augustin, une théologie de l'être qui est, théologie négative de Sade et de Bataille, une théologie du non-être qui est, voilà l'avers et le revers de la même médaille qui est théologie nihiliste de la chair de l'anticorps de Jésus ou du corps cadavérique du Christ proposés à l'imitation. Dans tous les cas de figure, Dieu reste la préoccupation obsessionnelle : la chair salie, vilipendée, conchiée, y mène autant que la prière catholique, puisqu'il s'agit d'une seule et même chose... Sartre n'avait pas tort de voir en Bataille un « nouveau mystique » !

7

Une philosophie conservatrice – Loin des poncifs de la religion sadienne, Sade et Bataille ne sont pas de grands libérateurs de l'amour, des briseurs de chaînes en érotisme comme en tout, mais de grands conservateurs en la matière, sinon d'authentiques réactionnaires qui, pour le premier, veut bien de l'affranchissement de la chair, certes, mais pour lui seul, en libertin emblématique qu'il se targue d'être ; quant au second, il s'inscrit en faux contre tous les penseurs d'une authentique subversion sur le terrain sexuel, corporel, sensuel, amoureux – Charles Fourier par exemple, si l'on veut un nom, et son *Nouveau Monde amoureux* si l'on souhaite un titre !

Bataille écrit qu'il veut « donner à la philosophie la transgression pour fondement ». Mais comme il a besoin de Dieu (il aspire à la « contemplation de l'être au sommet de l'être »…) pour le nier, il a besoin de la Loi pour la transgresser. Autrement dit : obligation de garder le christianisme intact et efficace afin de jubiler de sa transgression ; nécessité d'un catholicisme digne de ce nom pour jouir de sa négation ; indispensable *aufhebung* de Dieu et de la religion du Christ chez cet élève assidu au cours de Kojève sur *La Phénoménologie de l'esprit* de Hegel, dans la perspective des béatitudes associées à leurs outrages ; conservation des principes pauliniens en matière de sexualité afin de jubiler de leur violation… D'où cette phrase : « La transgression réussie maintient […] l'interdit pour en jouir. » Et la suivante qui aurait tant plu à Paul, Augustin et Sade : « Je tiens d'abord à préciser à quel point sont vaines ces affirmations banales selon lesquelles l'interdit sexuel est un préjugé, dont il est temps de se défaire. » Subversif et libérateur, *L'Érotisme* de Georges Bataille ? Allons donc… Ces *philosophes du désir* ne sont pas des *philosophes du plaisir* : les premiers s'activent même en antidotes des seconds. Le désir trouve sa résolution dans le plaisir, sa fin naturelle et nécessaire – faute de cela, la virginité, la chasteté, la rétention, la continence, le refoulement génèrent la sexualité chrétienne que l'on sait : névrosée, névrotique et névrosante, sadomasochiste et psychopathologique, thanatophilique et destructrice de vie... Au pervers plaisir du seul désir, préférons le désir du plaisir, suivi du plaisir du plaisir.

8

Retour à la misogynie — Bataille aimait-il les femmes ? L'homme, deux fois marié et deux fois père de famille, ne s'est pas étendu sur la question. Le théoricien a laissé fuiter ici ou là une conception de la femme qui, de Paul à lui-même, en passant par Augustin et Sade, constitue le nihilisme chrétien de la chair. Bataille féministe ? Libérateur des femmes ? Mais alors que faire de ces remarques lourdes de conséquences : « Beaucoup de femmes ne peuvent jouir sans se raconter une histoire où elles sont violées » – elles apprécieront, nul besoin de commenter. Et ailleurs : les femmes « se proposent comme des objets au désir agressif des hommes. Il n'y a pas en chaque femme une prostituée en puissance, mais [*sic !*] la prostitution est la conséquence de l'attitude féminine [...]. Toujours, les conditions remplies, elle se donne comme un objet. » Enfin : « Une femme, si elle résiste, n'a pas souvent la conscience claire de ses raisons, elle résiste d'instinct, comme les femelles des animaux. »

Résumons à l'usage des lecteurs non-familiers de la rhétorique philosophique : la psyché féminine suppose structurellement le désir de viol ; la nature et le destin des femmes consistent à s'offrir comme des choses ; leur être essentiel explique la logique de la prostitution ; leurs résistances, quand elles ont lieu, relèvent de leur animalité, pas de leur raison, ni de leur conscience, encore moins d'un mouvement de leur intelligence. Sade écrivait que les femmes étaient des chiennes, les choses avaient au moins le mérite d'être clairement dites...

Bataille pense l'érotisme en chrétien, partout. Sa définition de l'érotisme comme « approbation de la vie jusque dans la mort » procède du goût pour le cadavre que le christianisme enseigne depuis deux millénaires en matière de chair et de corps, de sensualité et de sexualité. Partout dans *L'Érotisme* il effectue des variations sur ce thème : l'érotisme des corps est sinistre ; toute passion appelle le désir de meurtre ; « l'érotisme ouvre à la mort » ; le désir fonctionne avec l'effroi, le plaisir intense avec l'angoisse, l'amour avec la mort, l'acte d'amour avec le sacrifice, l'orgasme avec la tristesse, l'éjaculation avec l'angoisse mortelle, la volupté avec le mal, la joie avec l'horreur, l'acte sexuel avec la laideur, l'érotisme avec la souillure, le sexe avec la solitude, le plaisir avec la douleur, le désir avec le répugnant, la femme avec le viol… En un mot : « Le sens de l'érotisme est la mort. » Pour lui, à l'évidence, mais pour les autres *dont il ne fait jamais cas* ?

III Physique de l'éros indien
Construction d'un éros solaire

Première partie
L'éros solaire indien

1

L'érotisme sanieux – J'ai lu *L'Érotisme* de Georges Bataille à dix-sept ans, en entrant à l'université de Caen. Je n'y souscrivais déjà pas, d'autant qu'avec un ami qui, lui, était un fervent, nous avions d'interminables conversations sur les « romans » que j'exécrais : dans *Histoire de l'œil*, une femme devenue folle lors d'un goûter orgiaque, qui se pend et réalise de la sorte les fantasmes de partenaires nécrophiles ; l'intromission d'un testicule de taureau dans son vagin ; le martyre d'un prêtre contraint de profaner les objets du culte avec son urine et son sperme ; son énucléation et l'intromission de son œil dans la vulve d'une femme qui viole le curé mourant ; dans *Le Bleu du ciel*, un héros qui s'automutile ; une femme qui se nomme Dirty (!) ; un fils qui se masturbe devant le cadavre de sa mère ; des tombes sur lesquelles on copule ; des coucheries incestueuses ; les excréments, les sécrétions, la crasse, la maladie, les rats, les cadavres pourris ; un héros, Troppmann, inspiré par un serial killer parricide guillotiné en 1870 ; une femme excitante habillée dans une robe « du rouge des drapeaux à croix gammée » ; dans *Madame Edwarda*, une prostituée se disant Dieu, qui se donne à un chauffeur de taxi dans sa voiture ; le bordel vécu comme une église, la copulation transfigurée en prière d'un culte stercoraire, l'orgasme identifié à l'extase mystique ; l'ivresse, le vomi, le sexe ; le sexe féminin comparé à une « pieuvre répugnante » ; dans *L'Abbé C*, le mélange de copulation brutale avec un boucher et de lecture des œuvres de sainte Thérèse ; la célébration de messes noires au cours desquelles l'anus devient prétexte mystique à débauches scatologiques ; la jouissance de trahir un frère et une maîtresse à la Gestapo, etc. Tout cela soulevait le cœur plus que l'enthousiasme. Cette sexualité-là, je ne la reconnaissais pas comme la mienne et concluais donc qu'elle ne pouvait être celle de tous.

La conclusion de *L'Érotisme* – « en matière d'érotisme, ce sont les ascètes qui ont raison »… – ne me convenait pas non plus : l'ascèse dans l'abjection, l'ascèse dans l'expérience du dégoût, l'ascèse dans la passion pour la mort, l'ascèse dans l'usage du corps des femmes comme de choses, l'ascèse dans une fausse inversion des valeurs dans lesquelles l'urine et les matières fécales prennent la place du sang et du corps du Christ, l'ascèse d'une religion athéologique, l'ascèse de la maison close comme substitut de l'église, l'ascèse de la rédemption par la sodomie de la mère – c'est trop d'ascèse pour moi…

2

L'arsenal conceptuel – Cet ami bataillien et moi avions à l'université de Caen un professeur qui, cette année-là, 1976, était un sectateur du marquis de Sade et un dévot de Georges Bataille. Je dis cette année-là, car, celle d'avant, il était pieux de chez Mao, écrivait dans une feuille de chou intitulée *Foudre*, fustigeait la psychanalyse exécutée comme une perversion bourgeoise. La conversion s'effectua probablement avec saint Lacan, dont il se fit aussi un farouche partisan. Il devint ensuite, peut-être en fréquentant Sollers chez qui il publia, un philosophe catholique. En 2003, il signa *Le jour est proche – La Révolution selon saint Paul*, en 2005 *Catholique*, l'année d'après *Pour Bataille*. En 2006, il commit un livre sur… Jean Gabin.

Peu importe le nom du personnage, il vaut comme symptôme d'une génération passée du gauchisme au catholicisme, de Mao à Benoît XVI, *via*, justement, Sade, Bataille, Lacan. Ce trajet, pas si chaotique que l'on voudrait bien le croire d'un point de vue du fond – notre homme se réclame aussi de Heidegger, un philosophe utile pour lier l'ensemble de ces ingrédients saumâtres en sauce présentable… –, montre si besoin

était la parenté de ceux que j'ai nommés les théologiens du nihilisme de la chair : Paul et Augustin, puis Sade et Bataille, qui tous communient dans de problématiques relations avec les femmes, la féminité, la sexualité solaire, l'érotisme libertaire. Ces sectaires mineurs toujours actifs en fond de scène jouissent de ne pas jouir, de mal jouir, puis de trouver dans ce corpus justification à leur mélancolie sexuelle – pour ne pas dire pire...
Pour justifier cet érotisme nocturne, le professeur et mon ami d'alors convoquaient Dostoïevski et Chestov, Kojève et Hegel, Nietzsche et Freud, autant de cautions philosophiques à même d'élever le débat. Jugez-en : un testicule de taureau dans le vagin ? L'illustration de la philosophie de la tragédie de Chestov... Une masturbation sur le corps de sa mère ? Un exemple de transvaluation nietzschéenne des valeurs. Un abondant usage d'urine et d'excréments ? Un usage de la dialectique hégélienne revue et corrigée par Kojève dans la perspective d'une transsubstantiation athéologique. La jouissance de donner des amis aux nazis ? Une resucée de *Crime et châtiment*...
Cet arsenal conceptuel intimidant pouvait en effet intimider. Et il en intimida plus d'un. L'Université donnait l'impression qu'elle s'encanaillait en quittant les sentiers battus (Platon, Descartes et Kant, mais aussi, autre sentier battu à l'époque : Marx) ; en fait, elle en constituait de nouveaux, pas si éloignés que ça des anciens si l'on considère les choses dites. Car on y reformulait avec les références modernes et postmodernes le vieil enseignement platonicien du corps comme un tombeau, du désir comme une malédiction, du plaisir comme une déraison, du sexe comme une errance, de la femme arraisonnée à son destin hystérique.
Dès lors, l'époque (les années 1970) se mit à vouer un culte au tombeau, à la malédiction, à la déraison, à l'errance, à l'hystérie. Elle aima les criminels et les fous, Artaud et Hölderlin, les « anormaux » (pour le dire avec le mot de Foucault qui leur consacre un séminaire au Collège de France en 1974-1975), les hermaphrodites, Herculine Barbin, les criminels,

III *Physique de l'éros indien*

Georges Bataille

L'érotisme

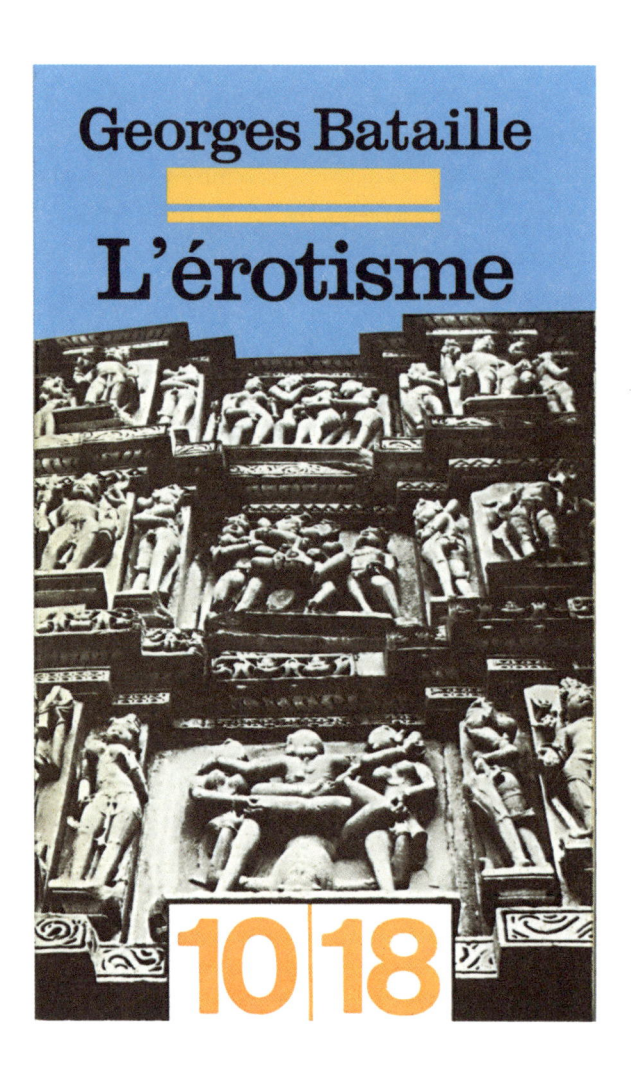

10|18

Dieux et déesses hindous, couples mithunas et apsaras, temple de Kandarya construit sous Vidyadhara (1017-1029), Khajurâho, Madhya Pradesh, Inde

Lacenaire et Pierre Rivière. Elle fit des théologiens du nihilisme de la chair, Sade et Bataille, des génies tutélaires pour penser prétendument à nouveaux frais notre modernité. Je ne crois pas cette révolution si révolutionnaire que cela. Et tout comme les chiens ne font pas des chats, les universitaires ne font pas des penseurs subversifs.

3

Les leçons de la couverture – J'ai lu *L'Érotisme* de Georges Bataille dans l'édition 10/18, une collection qui faisait alors mon bonheur d'étudiant fauché. La couverture comportait en noir le titre et le nom de l'auteur ; en miel, caramel, les chiffres et deux traits de séparation entre Georges Bataille et *L'Érotisme* ; l'ensemble se dessinait sur le bleu du ciel factice sur lequel se découpait un fragment de monument fait de scènes érotiques sculptées. La quatrième de couverture ne permettait pas d'identifier le lieu, car on n'y trouvait que les noms du maquettiste et de l'iconographe. Un petit texte annonçait que l'érotisme a « partie liée avec la mort et le meurtre » – ah bon ? –, et que Georges Bataille était « le plus grand des écrivains maudits de notre temps » – un écrivain maudit en livre de poche ?
Le grand *Oui à la mort* de Bataille ne me semblait pas raccord avec le grand *Oui à la vie* saturant les scènes de la couverture ! Pour ce que l'on peut en voir, les ondulations des sculptures montrent un genre de danse joyeuse de l'humanité, une dynamique érotique active dans des corps enlacés, entremêlés, rien qui fasse songer à l'éros nocturne chrétien : nulle scène sadique ou masochiste, pas de corps maltraités, mais des chairs lyriques, des agencements ludiques, des énergies et des forces montrées dans leur vérité, leur simplicité, leur naturel.
Ma culture artistique était nulle, mais je voyais bien, aux quelques visages repérables, que ces sculptures venaient d'Asie. D'où ? Je n'en savais rien, mais l'esprit de l'œuvre supposait un monde non-occidental, non-chrétien. Peu de temps après, dans la librairie d'occasion où j'achetais la plupart de

mes livres, je mis par hasard la main sur un volume intitulé *Kama Kala*. J'étais alors un fou furieux de Grèce et de Rome et, dans la même collection, il existait un *Roma amor – Étrurie et Rome* et un *Éros kalos – Grèce*, que j'avais acquis. Ces deux volumes permettaient d'envisager « L'art et l'amour » (le titre de cette collection) d'une manière non-chrétienne. Ce qui, pour le postchrétien que j'étais confusément alors, présentait un réel intérêt. L'illustration de couverture du *Kama Kala* (abusivement sous-titré « Interprétation philosophique des sculptures érotiques hindoues », car on cherche en vain et l'interprétation, et la philosophie ; quant à l'hindouisme, il est loin d'être le seul paradigme spirituel en jeu dans ces temples...) me permit de mettre un nom sur l'illustration de couverture du livre de Bataille : les temples indiens de Khajurâho et, plus particulièrement, celui de Kandarya, photographié dans sa partie sud. Dans *L'Érotisme*, Bataille effleure l'érotisme indien, mais il ne semble disposer, pour toute documentation, que du livre de Max-Pol Fouchet, *L'Art amoureux des Indes* – un ouvrage rapide, lyrique et de surface sur la question de l'érotisme.

En une seule phrase, car il n'y en aura pas d'autre concernant l'érotisme indien dans *L'Érotisme*, Bataille assène : « De nombreux temples de l'Inde nous rappellent solennellement l'obscénité enfouie au fond de notre cœur » ! Sidérant : de l'obscénité ? Où ça ? Quand ça ? Et de la solennité ? Même chose : où et quand, comment même ? Quant à l'affirmation universelle, générale, généralisée et généralisante, qu'au fond de notre cœur se trouverait enfouie de l'obscénité, elle vaut probablement pour Bataille, et quelques individus encore chrétiens, mais pour qui d'autres ? Sûrement pas pour les Indiens contemporains de Khajurâho...

4

L'éros solaire indien – Je m'étais promis d'aller y voir *un jour*. Mais vingt ans est l'âge des promesses que l'on se fait sans savoir si on pourra jamais les tenir. Or, près d'un quart de siècle plus tard, le jour vint. J'en suis revenu plus désireux de dépasser l'épistémè chrétienne que jamais... En philosophie, on pratique peu ou mal le comparatisme. Imaginer possible l'économie de son regard étranger pour effectuer une lecture intérieure de la différence produit d'inestimables dégâts : il faut moins rechercher la fiction d'une pénétration de l'intérieur qu'accepter le principe d'exotisme cher à Segalen.

Le temple indien ne saurait être lu, pensé, saisi, compris, déchiffré par un regard occidental comme par un corps extrême-oriental. Certes. Mais la subjectivité affichée induit moins d'approximations qu'une revendication épistémologique d'objectivité, toujours fautive malgré les précautions méthodologiques invoquées par celui qui se voudrait scientifique dans son abord pourtant imbibé d'inconscient et de raisons obscures. Partir, donc, avec un désir subjectif et le revendiquer comme tel.

Première constatation : ces fameux temples sont indûment appelés « érotiques ». Certes, on y trouve des scènes érotiques, mais dans une proportion (cinq pour cent, dit-on) insuffisante pour réduire uniquement ces constructions à des architectures du sexe. Va pour les arguments de l'office de tourisme, qui attirent ainsi des consommateurs venus de tous les coins du monde pour s'offrir un site graveleux à la mesure de leur nullité existentielle, mais l'honnête homme qui souhaite envisager la question érotique dans un cadre non-chrétien, hors Occident, loin de la Bible, reste loin du compte...

Deuxième constatation : Khajurâho fonctionne en antidote à Vézelay, la basilique consacrée à Marie Madeleine dans le village que chérissait tant Bataille qu'il s'y trouve enterré, tout comme le *Kâma-sûtra* agit en contre-poison à *La Cité de Dieu*. Dans cette même logique, Vâtsyâyana se présente comme l'antipode de saint Augustin. Pour autant, ces œuvres et ces auteurs contemporains (Ve siècle), ces bâtiments de la même époque (Xe siècle), tiennent des discours radicalement opposés : *nihilisme de la chair* et *éros nocturne* du côté chrétien, *positivité des corps* et *éros solaire* du côté indien – et non hindou.

Troisième constatation : les temples restent muets, les informations rares, les interprétations contradictoires, les mutilations abondantes, les énigmes considérables. D'où le risque, en pareil cas, de projeter ses fantasmes, de plaquer des grilles de lectures fautives pour valider des hypothèses. On doit ce dispositif de quatre-vingts constructions – il en reste une vingtaine – à une dynastie, celle des Chandella, qui prétend descendre de la Lune. Elle fait bâtir cet ensemble architectural entre le IXe et le XIIe siècle, puis disparaît au XIIIe siècle sous la férule des musulmans. La végétation recouvre le tout. Les sectateurs du Coran, iconoclastes et fervents défenseurs de l'idéal ascétique, détruisent en quantité. La jungle recouvre le reste. En 1838, un ingénieur britannique, T. S. Burt, parcourt l'endroit pour la chasse et découvre les temples ; il les fait dégager. Au siècle suivant, Gandhi, une icône occidentale qui mériterait elle aussi le détricotage de sa légende, envoie ses disciples détruire la statuaire… Seule l'opposition de Rabindranath Tagore à ce zèle destructeur permit de sauver ce qui reste. Le tourisme s'emparera ensuite de ce sanctuaire transformé en plate-forme internationale pourvoyeuse de devises… Permanence des iconoclastes !

L'empilage de lectures puritaines – islamiques, britanniques victoriennes, hindouistes postcoloniales, nihilistes chrétiennes à la Bataille… – n'a d'égal que l'empilage architectural qui suppose à son tour un feuilletage idéologique, intellectuel, conceptuel, ontologique, métaphysique, spirituel, philosophique. Le système des castes assure une immutabilité de l'Inde, malgré les changements apparents, ce qui permet, par exemple, la pratique inchangée du culte shivaïte depuis son origine, il y a dix mille ans… Je suis entré dans le temple de Duladeo avec *linga* et *yoni* – symboles sexuels masculin et féminin – dans une construction jouxtant les temples historiques de Khajurâho.

Un prêtre accompagné d'une petite fille a dessiné sur mon front le point rouge, couleur de la fête et de l'énergie. Ce point situé entre les sourcils correspond à l'un des *chakras*, le centre psychique le plus important du corps. Il est le troisième œil, ou l'œil de la connaissance. Son ouverture permet l'union de l'inconscient avec le conscient, donc l'abolition des oppositions, des contradictions et l'avènement de l'unité entre le moi et le monde. Ce point rouge ornait probablement le front des gymnosophistes qui ont généré la pensée grecque avant Socrate. On procédait ainsi soixante siècles avant les pyramides... Geste généalogique, préhistorique, primitif, primordial, signe de paix pour l'individu, ceux qu'il croise et sa position dans le monde, dans le cosmos.

Je déduirais donc de *la forme architecturale empilée*, saturée, un *fond philosophique empilé*, stratifié, qui intègre sans jamais exclure les données des spiritualités indiennes au fur et à mesure qu'elles s'unissent pour contribuer à un édifice unique : shivaïsme, védisme, hindouisme, yogisme, tantrisme, bouddhisme, jaïnisme laissent des traces pendant leur apparition, mais la formule la plus ancienne fournit l'épine dorsale à ces temples qui agissent comme des machines à concentrer l'énergie invisible des forces constitutives du monde.

Loin d'être un lupanar sculpté en plein air, Khajurâho propose une métaphysique moniste pétrifiée, au sens premier du terme, dans laquelle les corps agissent en amis du trajet qui conduit à l'union avec le principe énergétique consubstantiel au réel. Le polythéisme hindou renvoie toujours à une force architectonique indicible, mais perceptible au corps exercé par des exercices spirituels – notamment par l'érotisme. Sous l'apparence d'un polythéisme procédant de feuilletages plusieurs fois millénaires subsiste l'unicité généalogique d'un panthéisme soucieux d'une seule force : celle du grand tout. Derrière la multiplicité des dieux du panthéon indien se trouve toujours Shiva.

5
Seins, hanches, ventres – Les temples ne sont sexuels que pour les marchands du Temple... Car, sur place, on remarque que les quatre-

vingt-quinze pour cent qui échappent au licencieux racontent bien d'autres choses : batailles, combats d'éléphants, cavaliers en armes, soldats avec leurs chevaux, danseuses, activités de la vie quotidienne, images de divinités du panthéon classique, léogriffes (corps de lion, bec d'oiseau), animaux fantastiques, décors floraux, motifs géométriques. Les sculptures de Khajurâho rapportent la légende des commanditaires. Pour les édifices indiens, l'épopée de la dynastie Chandella, la mythologie de ses souverains, la mémoire des princes et des rois de ce sang-là.

Dans la vie de ces dignitaires, il y a donc aussi de la sexualité. Les femmes sculptées irradient la quintessence de la féminité : loin de Marie qui enfante sans père puis accouche tout en étant vierge, contre la femme chrétienne réduite à la Vierge, la mère ou l'épouse, la femme indienne arbore tous les signes de la féminité triomphante depuis la Vénus de Lespugue : hanches larges, seins lourds, ventres avenants, chairs généreuses, formes franches.

Dans l'iconographie chrétienne, le sein, quand il apparaît, s'il apparaît, triomphe soit en organe de la nutrition du fils de Dieu, en mamelle de la mère, soit en occasion de torture païenne lors du martyre : sein à téter, sein à mutiler. Dans l'iconographie indienne, le sein est galbé, renflé, bombé, plein, pesant, rond comme un monde, il est sublime, magnifique, excédent, radieux, insolent, débordant, arrogant – il appelle la main de l'homme pour la caresse, et non la bouche tétouilleuse du nourrisson, encore moins la tenaille sadique du tortionnaire.

Les hanches de la Vierge mère du Christ disparaissent cachées sous son manteau ; en revanche, elles sont larges chez les Indiennes, généreuses là encore, faites pour accueillir l'offrande du sperme et l'hommage du phallus pour une étreinte sacrée qui permet l'imitation de Shiva, le jeu du linga et du yoni pour une copulation humaine qui réitère la geste des dieux. Cette divine imitation produit l'extase des humains. À Khajurâho, les croupes sont larges, les ventres sollicitent la main des hommes, les jambes portent un corps qui ondule comme le serpent avec ses mystères sacrés.

Chaque corps sinueux danse, tel Shiva, et s'enroule autour d'un axe invisible qui ordonne la mélodie silencieuse des fresques de pierre de ces temples.
Jeux de mains, de doigts et de poignets, mouvements de bouche et de lèvres mystérieux, esquissés, énigmatiques, ports de tête décalés, décentrés, le corps indien s'affiche en anticorps de l'anticorps chrétien. Les visages s'accompagnent de sourires radieux, ils montrent une sérénité parente de celle de Bouddha, un philosophe indien lui aussi. Rien à voir avec l'impassibilité de la Vierge Marie qui, comme son fils, ne sourit jamais. Nous sommes loin, très loin, des rictus extatiques de douleur et de souffrance des martyrs chrétiens. Le corps indien respire la paix ; le corps chrétien transpire l'affliction.

6
Du bon usage de la zoophilie – Rien de très exceptionnel dans les scènes érotiques de Khajurâho : baisers, fellations, copulations en groupe, agencements acrobatiques, masturbations, sodomisations, les affaires courantes de la sexualité planétaire... Toutefois, deux choses tranchent sur le catalogue occidental courant : des scènes de zoophilie et l'absence de scènes sadiques, masochistes, ou sadomasochistes. Un cheval, un chien, une antilope, certes, mais pas de fouets, de potences ou de pal... Encore moins de croix ! Soit : une pulsion de vie exacerbée, étendue à toute la nature, et une absence totale de pulsion de mort. Les temples offrent donc une réelle leçon érotique.
Au temple de Laxman, à Khajurâho, la scène de copulation d'un homme avec une jument constitue malheureusement une attraction touristique et un sujet de prédilection pour les cartes postales des visiteurs venus par avion pour voir cette seule scène qui lève en eux toute la boue posée par leur formatage – judéo-chrétien pour le plus grand nombre. Rires et gloussements devant ce qui, peut-être crûment, montre la sexualité des mâles pour ce à quoi elle se réduit si souvent : l'objectivation du partenaire, la bestialisation du rapport, l'inaptitude à une relation

III *Physique de l'éros indien*

Jean Fouquet, *Vierge à l'Enfant*, 1450-1460

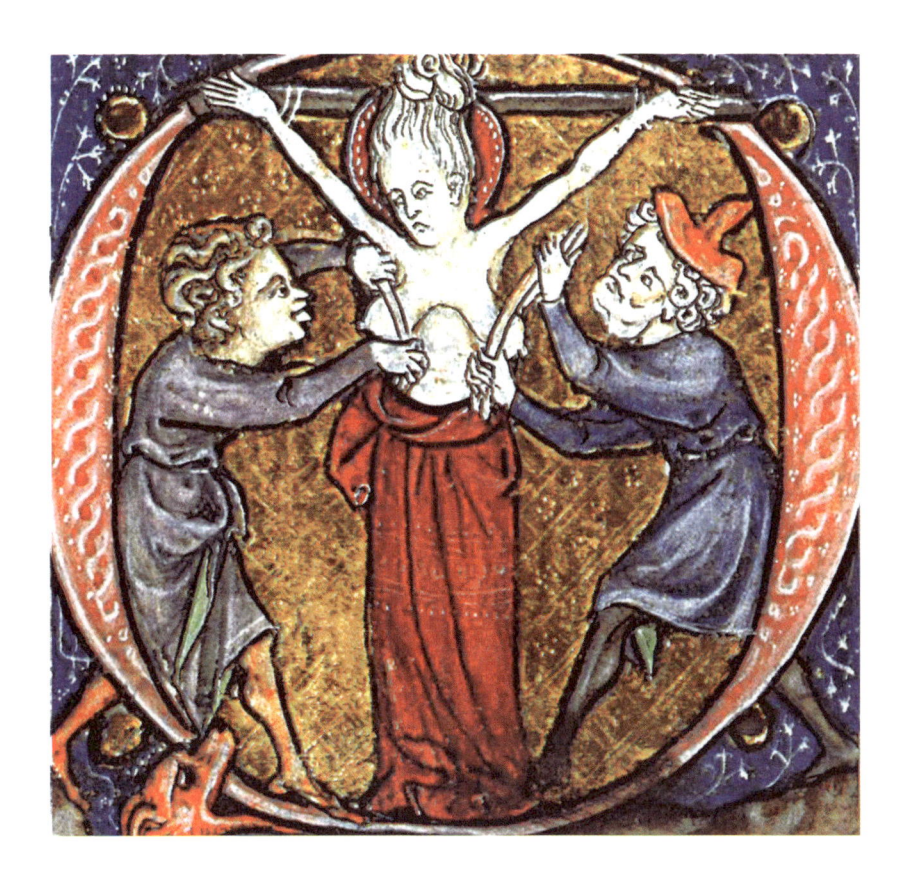

Le Supplice de sainte Agathe, bréviaire de Philippe Le Bel, 1290-1295

III *Physique de l'éros indien*

Cette page et suivantes : photographies prises par l'auteur aux temples de Khajurâho

intersubjective digne de ce nom, la négation de toute possibilité d'érotisme, puisque sa condition nécessaire et suffisante suppose un jeu culturel, à deux, avec les corps sexués. Avec un cheval, hors sacré, on signifie clairement la nature solipsiste de la sexualité. La représentation franche de cette vérité déplorable de la misère sexuelle généralisée est-elle la cause du rire hystérique des foules ? Je le crains...
J'ai rencontré sur place un personnage dont on m'avait dit qu'il était le « spécialiste mondial du tantrisme », le seul qui, parlant français et connaissant le moindre recoin de tous les temples de Khajurâho, était susceptible de m'ouvrir aux mystères de ces architectures énigmatiques. On m'avait signalé que je le trouverais à l'hôtel dont il est le propriétaire. Je m'y rendis. Il fut très « gourou », autrement dit : légèrement hautain, vraiment distant, hiératique dans son port de tête, de corps et de voix, le regard construit pour laisser croire sa relation avec d'autres mondes inconnus de son interlocuteur. Il était avare de ses mots, la rencontre n'excéda pas les trois minutes. Et puis il avait une télévision espagnole le lendemain, ce qui interdisait, dit-il, toute rencontre.
Or il se fait que cette équipe de télévision espagnole logeait dans mon hôtel, et que l'année d'avant, elle avait passé deux jours chez moi, en Normandie, à me filmer pour sa série d'une quinzaine d'émissions consacrées à la sexualité sur la planète. Retrouvailles émouvantes dans le hall de l'hôtel : la veille, l'un des membres de l'équipe avait parlé du repas que je leur avais préparé et des vins ouverts, puis, magie, nous nous retrouvions là tous ensemble ! Tous avaient rendez-vous le lendemain avec... le « spécialiste mondial du tantrisme » ! Décision fut prise par eux de m'intégrer au tournage et de me faire dialoguer avec le gourou...

7
Université médiévale du tantrisme ? – Sa thèse sur Khajurâho : l'ensemble des quatre-vingts temples constituait une université médiévale

du tantrisme. Elle n'a jamais cessé de fonctionner depuis le XII° siècle, autrement dit la date de la fin de la dynastie Chandella. Donc pendant la domination islamique, sous le régime colonial britannique, et depuis l'indépendance hindouiste, puritaine elle aussi, le tantrisme n'aurait pas cessé... Et aujourd'hui ? « C'est fini » prétend le gourou – contraint de me répondre ceci si l'enseignement dure, car s'il persiste, c'est immanquablement sous une forme ésotérique, secrète.

Défendant sa position, il exclut que quiconque n'est pas initié à la symbolique (sur laquelle il a commis un livre) comprenne quoi que ce soit aux temples de Khajurâho. Je mesure les enjeux d'une pareille affirmation qui verrouille l'interprétation et la soumet au seul discours du gourou. Sachant ce qu'il sait, et que l'on ne saura pas faute d'être initié, on ne saisira jamais rien à cette énigme des architectures dites érotiques. Dans la corporation philosophique, et en tout temps, ce genre de logique sectaire dispose de nombre d'adeptes...

Nous sommes devant la caméra, je consens au tantrisme comme explication partielle de ces temples, mais pas comme la clé de tout le dispositif. D'autant que je ne souscris pas à une définition strictement historique du tantrisme : elle existe, en effet, mais les historiens donnent des dates contradictoires sur son début, son apogée, sa fin... Je tiens pour une définition philosophique fonctionnant pour tous les temps et tous les lieux, comme un dispositif intellectuel ritualisé qui associe le corps à des exercices spirituels destinés à produire des effets cultuels et hédonistes. En d'autres termes : le tantrisme définit depuis toujours une métaphysique pratique, une pratique métaphysique – corporelle – dans laquelle les exercices spirituels permettent la transmission ésotérique.

Hors datations particulières effectuées aujourd'hui à partir de textes qui, la plupart du temps tardifs (V° siècle), consignent une tradition orale ancestrale, le tantrisme naît chez les peuples dravidiens pré-aryens (trois mille ans avant l'ère chrétienne), dans l'Indus, là où, déjà, le culte

Temple de Laxman ou Lakshmana, Khajurâho, Xe siècle

de Shiva constitue la spiritualité généalogique des Veda, certes, du brahmanisme ensuite, puis du bouddhisme, du jaïnisme, mais aussi, hors de l'Inde, de toutes les traditions philosophiques qui suivront – notamment en Grèce, donc en Europe…

Je pose une question, *la* question, au gourou tantrique : « *Quid* de la scène zoophile dans le temple de Laksmana ? » Réponse : il faut l'intégrer dans la fresque et la lire pour ce qu'elle raconte dans sa totalité : on y voit des scènes de guerre, des cavaliers, des éléphants, des combats. L'accouplement avec le cheval ? « Un palliatif à cause du manque de femmes sur les champs de bataille »… Nous sommes dans un jardin, tôt le matin, le soleil commence à chauffer, des oiseaux exotiques chantent, piaillent, pépient. Des jardiniers vont et viennent dans le potager. J'ai l'intuition que le gourou ment et que la thèse de la pénurie n'est pas la bonne. D'abord parce que les guerriers installent toujours des bordels de campagne à l'arrière des opérations militaires. Ensuite parce que je crois me souvenir que la scène comporte d'autres personnages…

Vérification faite, mais plus tard, les caméras parties, il existe effectivement deux autres personnages expressément constitutifs de la scène. Si l'on découpe dans la frise cette séquence spécifique, et qu'on l'isole de ce qui précède à sa droite, à savoir deux femmes arrivant dans la direction de la scène, on remarque un homme qui se masturbe devant la scène zoophile et une femme qui, en retrait, assiste à l'événement, mais cache son visage avec ses deux mains – pour *ne pas voir ça*, car elle *n'en croit pas ses yeux*…

Or, soit on élargit la séquence de pierre, et l'on a un homme à gauche, deux femmes à droite, une autre en arrière-plan, ce qui disqualifie la thèse de la pénurie ; soit on la rétrécit, et l'on voit alors en plus du zoophile un homme et une femme. Dès lors, cette configuration permet soit une relation hétérosexuelle avec la femme au visage caché, soit une relation homosexuelle avec le compagnon onaniste, voire un triolisme avec les deux autres comparses, mais, là encore, quoi qu'il en soit, la thèse de la pénurie ne marche pas puisque trois potentialités existent hors saillie de la jument…

Alors, pourquoi cette interprétation intenable ? Ignorance ? Je ne peux y croire… Dissimulation ? Mensonge pieux d'un adepte shivaïte tantrique qui préserve le secret de sa secte et, peut-être, la permanence de scènes initiatiques de ce genre ? Possible… Car, si tous les temples ne peuvent pas être lus avec la seule clé des *tantras*, cette scène-là, spécifiquement, ne se comprend justement qu'avec l'explication tantrique. S'il y a tantrisme à Khajurâho, c'est bien ici, et probablement nulle part ailleurs. Donc du tantrisme partout sauf là, voilà, me semble-t-il, la logique d'un sectaire tantrique protégeant le caractère ésotérique de sa communauté.

8

Le rite de pénétration – Le rite initiatique shivaïte, pour ce que l'on en sait, suppose une extrême codification des scènes. De très longs développements pourraient être consacrés au lieu adéquat, à l'heure propice, au jour *ad hoc*, au vêtement approprié, au tissu obligé, à sa trame, à sa fabrication, à la préparation adaptée, aux signes correspondants, aux gestes à faire précisément, aux postures du corps, aux bains, à leur préparation, aux aliments, à la confection de la nourriture, aux quantités ingérées, aux modalités de l'ingestion, aux états sexuels opportuns, aux formules favorables, aux paroles convenables, celles du maître, celles du disciple, à leurs enchaînements, à la mathématique et à la géométrie de l'ordonnancement, aux répétitions cadencées, aux réitérations rythmiques, aux récitations, aux offrandes, leurs quantités, leurs qualités, aux hymnes, aux parfums, aux chants, aux danses, à la musique…

Les rites se suivent dans un ordre évidemment codifié à l'extrême. L'un d'entre eux concerne l'aspiration du souffle du disciple. Rétention, réinjection dans le cœur de l'impétrant. Suivent alors des rites tout aussi complexes, mais nécessaires à l'admission de l'apprenti : rite du feu, rite de la porte, rite d'allumer, rite de saisir, rite de lier, rite de répandre le nectar, suivent des rites d'adoration : arroser, presser, enlever, unir, rejeter, puis des rites d'insémination, de gestation, d'engendrement. Parmi ces rituels, l'un d'entre eux concerne la pénétration : elle s'effectue dans toutes les sortes d'êtres vivants – les animaux, les oiseaux, les hommes et les dieux. Donc les chevaux également.

La scène de l'union d'un homme avec un cheval théâtralise un rituel par lequel se réalise l'union de forces élémentaires et primitives. L'homme qui se masturbe devant la copulation de son complice sectaire répand son sperme comme une offrande : lui aussi prie, car il offre sa semence comme célébration du phallus. Le zoophile effectue un rite qui l'identifie à Shiva procréant, créant, en associant son linga au yoni d'une jument.

Le guerrier et sa monture, précieuse pour tout soldat, participent donc du rituel initiatique, ce que ne peut évidemment comprendre la femme, profane, ignorant tout des raisons pour lesquelles l'un verse son sperme à terre et l'autre copule avec une jument. Son geste exprime sa mécompréhension d'un rite dont elle ne sait rien. Séparation plastique, donc, entre le premier plan sacré, les deux hommes, la jument, et l'arrière-plan profane, la femme outragée. Probablement deux hommes shivaïtes et une femme ignorante du rituel, de son culte et de la spiritualité associée.

9

Bête humaine, animal humain – Dans deux autres endroits de Khajurâho, sur le temple de Devî Jagadâmbi, on trouve des scènes zoophiles, mais dans lesquelles les animaux jouent un rôle actif : ici une antilope mâle copule *a tergo* avec une femme, là, un chien participe à des jeux érotiques. Le rituel tantrique ne semble pas inclure la passivité des impétrants qui doivent activement pénétrer. L'absence d'un spectateur profane et, au contraire, pour la scène avec le cheval, la multitude de

partenaires impliqués, laisse penser que, hors tantrisme, la sexualité s'effectue avec tout ce qui bouge, autrement dit avec l'ensemble de ce qui se trouve animé par un seul et même principe, une seule et même énergie, une force une mais diversement modifiée – toujours Spinoza...
Au Ve siècle, Vâtsyâyana écrit dans son *Kâma-sûtra* : « Un homme avisé doit multiplier les occasions de jouissance en s'inspirant de l'accouplement des animaux sauvages et domestiques et des oiseaux. » Lointain enseignement tantrique ? Une autre traduction, celle de Daniélou, dit : « En étudiant les mouvements des animaux domestiques et sauvages ainsi que des insectes, on peut diversifier les relations sexuelles » – ce qui donne aux insectes un rôle inédit.
Plus explicite, Yashodhara effectue un commentaire du texte entre le XIe et le XIVe siècle. Il écrit : « Les animaux domestiques s'activent par derrière, les bêtes sauvages montent l'une sur l'autre, les jeux des insectes ou des oiseaux sont visibles. Leurs efforts, leurs frémissements et les bruits particuliers de leurs corps doivent être étudiés en vue de les imiter avec des femmes pour varier les façons de faire l'amour ; l'un et l'autre peuvent les utiliser. » Utiliser quoi ? Les pratiques pour s'en inspirer ou les animaux ? Les temples répondent à la question...
Devadatta Shâstrî précise dans son commentaire moderne : « En imitant les façons curieuses dont les animaux, les bêtes sauvages, les oiseaux font l'amour, on séduit les femmes et s'assure de leur affection. » J'ai, pour ma part, acquis sur place une miniature réalisée sur un os de chameau et une gravure rehaussée de gouache qui, pour la première, met en scène une femme et un petit lapin blanc et, pour la seconde, un singe très heureux de se trouver sur le ventre de la dame – si j'en juge par l'état de son linga...
Que signifie cette version-là de la zoophilie ? Que, loin du tantrisme et de ses rites initiatiques, la pensée indienne affirme qu'il n'existe pas une différence de nature entre l'homme et l'animal, ce que pense, croit et enseigne l'Église catholique, apostolique et romaine, mais une différence

de degrés et que, pour le dire dans les mots de Montaigne : « Il y a plus de différence de tel homme à tel homme que de tel animal à tel homme. » Dans le corps d'un homme se jouent les mêmes choses que dans celui d'une antilope ou d'un chien, *a fortiori* d'une jument…

Le monisme énergétique indien n'animalise pas les hommes, pas plus qu'il n'humanise les animaux, mais, en vertu de son écosophie, de sa sagesse construite sur une relation harmonieuse, et non conflictuelle, avec la nature, il pose que hommes, femmes et bêtes, au-delà des rites initiatiques tantriques, peuvent échanger leurs énergies, leurs forces, leurs principes mâles et femelles, car, dans ce jeu de connexions sexuelles, c'est toujours la configuration yoni / linga que l'on propose à l'imitation – ce qui, à tout prendre, vaut mieux que l'imitation d'un anticorps angélique ou d'un cadavre…

Deuxième partie
L'hédonisme shivaïte

1

Une divinité hédoniste – Dix mille ans avant notre XXIe siècle, la religion shivaïte, pour ce que nous en savons, excelle dans *la religion naturelle emblématique*. Notre Occident vit depuis deux mille ans sous l'empire *d'une religion culturelle emblématique* : le monothéisme judéo-chrétien exclut la nature partenaire, complice, dans laquelle l'homme n'est pas une créature à part, mais un fragment obéissant aux mêmes règles, aux mêmes lois que tout ce qui vit sur la planète. Il enseigne la séparation des hommes et du reste du monde. Pour ces religions généalogiques, ce qui meut le cosmos anime pareillement la pierre, la plante, l'animal et l'homme qui définissent des variations de degrés d'une même force et non des différences de nature.

L'animisme, le polythéisme, le chamanisme jettent des ponts entre l'homme et la nature qui ne sont jamais séparés ; le monothéisme creuse

136 • 137

les abîmes entre l'homme et la nature, sa religion se veut du Livre quand celle des premiers est de la Nature. Le shivaïsme triomphe en religion des champs, des forêts, des bois, des lacs, des étangs, des eaux, des fleuves et des rivières, de la foudre et des feux, des campagnes – comme l'atteste l'étymologie de *paganisme* : il incarne la religion des paysans, des agriculteurs, des gens de la terre et des moissons. Le monothéisme est une religion des villes, des cités, des constructions solides, des prêtres, du Livre. La première aime les corps et leur demande l'accès au sacré ; la seconde les déteste et professe qu'ils entravent l'union avec Dieu.

Le shivaïsme illustre un genre de spinozisme avant Spinoza. Les tenants de cette spiritualité pourraient eux aussi dire, comme l'auteur de l'*Éthique* : « *deus sive natura* », soit « Dieu ou la Nature ». En d'autres termes : « Chaque fois qu'apparaît la nature, vous pouvez tout aussi bien dire Dieu, et *vice versa*, car il s'agit d'une seule et même chose. » Car le shivaïte n'avaliserait pas la dichotomie judéo-chrétienne entre le Créateur et sa créature, Dieu et le monde, le principe créateur et sa création, autrement dit : Dieu et l'homme… De sorte que, dans ce moment indien, la sexualité n'est pas une affaire d'hommes incapables d'être des dieux, mais une affaire d'hommes qui se font dieux par leur libido et l'exercice spirituel ritualisé de leur énergie sexuelle.

Les hommes et les femmes shivaïtes prennent place parmi les pierres et les fleurs, les plantes et les arbres, les eaux et la terre, le ciel et les animaux, le feu et les planètes. Grâce à cette adéquation avec les parties du monde, dont ils sont, ils peuvent acquérir la béatitude, la joie – pour continuer dans le registre spinoziste. En revanche, les chrétiennes et les chrétiens doivent mourir au monde, car la matérialité du croyant l'éloigne de la vérité de l'immatérialité de la Cité de Dieu.

Un shivaïte évolue dans l'Un d'un réel homogène ; un chrétien dans le Deux d'une opposition entre le corps et l'âme, la Cité des Hommes et la Cité de Dieu. À terme, cette ontologie séparée devient duplicité et facteur de schizophrénie. Pour les premiers, le sexe est affaire de circulation intrinsèque d'énergies ; pour les seconds, une force démoniaque de la Cité des Hommes déchus qu'il faut refuser et récuser afin de pouvoir espérer gagner la vie éternelle et l'immortalité. Religion de la nature et de la vie contre religion du Livre et de la mort.

2
Écosophie du phallus, théologie du crucifix – Du côté de Shiva, la célébration de la vie, le partenariat avec les corps, la positivité du plaisir, la force de la jouissance, le sexe joyeux, la sexualité libre, la vitalité du sperme, le culte du phallus, les logiques cultuelles du linga masculin et du yoni féminin, les jeux de l'amour dionysiaque, le moteur du désir, les femmes complices, la joie vertueuse, l'extase physique, la fusion avec les forces du réel, les potentialités de la semence, le débordement orgiaque, et tout ce qui conduit à un genre d'*écosophie*, de sagesse globale, cosmique, où se réconcilient les parties de la nature dans une grande Unité spinoziste... Voilà la leçon de pierre des temples de Khajurâho.

Du côté du Christ, la célébration de la mort, le divorce avec les corps, la négativité du plaisir, la noirceur de la jouissance, le sexe sanieux, la sexualité coupable, le sperme peccamineux, véhicule du péché originel, le culte de la croix, un instrument de torture, les logiques de la honte et de la pudeur d'après la faute, les perversions de la chasteté et de la virginité, le désir coupable, les femmes démoniaques, les passions tristes, la continence physique, la mise à distance des forces du réel, les potentialités de l'ascèse, l'extinction de soi, et tout ce qui conduit à une *théologie*, autrement dit une morale de la schizophrénie entre le corps des humains et le monde dans lequel il est condamné à évoluer, honni, méprisé, sali, vilipendé. La leçon de pierre de la basilique de Vézelay...

Le shivaïsme souhaite que chacun se conforme à ce qu'il est – l'un des sens du mot *dharma*, qui pourrait très approximativement se traduire en concepts occidentaux par « loi naturelle ». La vertu se résume à cela :

coïncider avec ce pour quoi l'on est fait, désirer ce qui nous fait être ce que nous sommes, vouloir ce qui nous veut, seules façons (spinozistes là encore…) de jouir de soi, de l'être, du monde, de l'être du monde. Quiconque voudrait déroger à la règle du dharma introduirait du désordre dans l'univers, ce qui correspondrait à une violence faite à la nature, donc à la force identifiable à la divinité. Sérénité avec soi-même, paix avec les autres, harmonie avec la nature, voilà les objectifs shivaïtes.

D'où le culte du phallus qui perdure en Inde sous les formes du linga et du yoni, c'est-à-dire, pour le linga, du signe (en sanskrit), l'autre nom de Shiva, du moins l'un de ses multiples noms, car d'aucuns lui en prêtent plus de mille. Ce signe montre l'immontrable, dit l'indicible, représente l'irreprésentable : le processus par lequel l'être suprême manifeste sa force génésique, généalogique, séminale, et grâce auquel il produit l'univers tout entier. Source de plaisir, il évoque la béatitude divine à imiter.

Le linga suppose le yoni, l'organe sexuel féminin. L'intromission du linga dans le yoni imite le processus par lequel Shiva, dieu ithyphallique de la nature, a produit ladite nature. Là où le christianisme propose à l'imitation l'*anticorps de Jésus* et le *corps du Christ* supplicié, le shivaïsme donne à imiter le *phallus disant Shiva*, et la *complémentarité du linga masculin avec le yoni féminin* ce qui, on s'en doute, induit des conséquences considérables pour construire une civilisation.

Car le shivaïsme ne pense pas les femmes comme des entraves à la pureté, à la perfection, à la sainteté, à la relation avec la divinité comme les sectateurs de Paul, mais comme des entités nécessaires à la construction de soi, des chances pour une complétude métaphysique par l'érotisme et la sexualité. La relation sexuelle n'éloigne pas de Dieu, comme chez les chrétiens, car, au contraire, elle y conduit. Les femmes constituent l'être des hommes tout autant que les hommes celui des femmes. On ne peut construire ni misogynie ni phallocratie sur le principe shivaïte – un culte qui, en son temps, produisait d'ailleurs des civilisations matriarcales.

Dans le shivaïsme, l'acte sexuel offre l'occasion d'imiter les dieux. Il correspond à un genre d'oraison, une prière charnelle si l'on veut. Le plaisir offre l'image de l'état divin. La jouissance est d'ailleurs une sensation du divin. Toute copulation selon les principes shivaïtes re-crée le monde – là où le christianisme y voit empêchement du monde réel, celui de la Cité de Dieu, par la perpétuelle duplication du péché originel. Le sperme représente la plus belle des offrandes susceptibles d'être faites aux dieux, la force la plus pure et l'élixir sacrificiel le plus quintessencié.

3

Éloge d'un corps non-chrétien – Le corps chrétien est schizoïde : d'une part la chair, négative, d'autre part l'âme, positive. Le tombeau de chair fonctionne en prison pour le fragment de Dieu qui, fort heureusement pour un croyant, lui permet de se sauver, pourvu qu'il exacerbe son immatérialité puis punisse sa matérialité par l'ascèse, la mortification, le mépris et la haine de son enveloppe matérielle. Cette fracture écrite et inscrite au cœur même de l'identité corporelle occidentale constitue un abîme dans lequel se perdent des énergies et se gâchent des forces. Dans ce trou nourri de puissances perdues poussent des fleurs du mal qui empoisonnent depuis des siècles des générations de femmes et d'hommes sacrifiés. Nous gagnerions à écrire un nouveau schéma corporel dont les femmes ne fassent pas prioritairement les frais et qui soit susceptible de permettre un usage hédoniste de soi et des autres.

D'où l'intérêt de regarder à quoi ressemble le corps indien de cette période de la civilisation de l'Indus, et plus particulièrement ce *corps énergétique* de la médecine ayurvédique. Si on laisse de côté les thérapies (aussi placebo que la plupart des autres, y compris les nôtres en Occident…) pour s'attarder sur le schéma corporel proposé, l'Inde propose là encore un corps plus vrai que la fiction dualiste occidentale. Le corps ayurvédique formule une modalité possible du corps spinoziste dans lequel l'âme enveloppe le corps. Le *conatus*, le désir, pourrait coïncider avec les *prâna*, l'énergie, les souffles actifs dans le corps indien…

Shiva entretient avec le serpent une relation complice – on est loin là aussi, là encore, de la mythologie chrétienne. Le serpent habite les entrailles de la terre, il en connaît les secrets. Si l'on veut faire des offrandes au dieu, on s'en acquittera prioritairement dans des lieux où il se trouve. On se souviendra que, beaucoup plus tard, Alexandre conquérant certaines cités d'Inde y découvrit un lieu souterrain dans lequel les fidèles rendaient un culte au serpent : ils lui demandèrent d'épargner l'animal – il y consentit. Aujourd'hui encore, en juillet-août, le culte du serpent – Naag Panchami – rassemble des milliers de fidèles. Dans les temples dédiés à Shiva, un serpent entoure le linga et en touche l'orifice avec sa langue fourchue.

Je n'entrerai pas dans les détails de la cartographie du corps ayurvédique. Retenons qu'il envisage sa totalité comme une unicité énergétique et la chair comme le lieu où se jouent, s'affrontent, se nouent et se dénouent des forces qui créent et entretiennent des équilibres, la santé, ou des déséquilibres, la maladie. Cette antique perception du corps indien ressemble au corps spinoziste avec son *conatus*, à l'homme machine holbachien animé par le *nisus*, au corps schopenhauerien identifiable au *vouloir*, ou à sa version nietzschéenne fragment de *volonté de puissance* assimilable à l'univers, sinon aux *machines désirantes* de Deleuze et Guattari ou bien encore à la chair freudienne travaillée par la *libido*. Ce corps ayurvédique évite le dualisme, le manichéisme et la schizophrénie du corps chrétien.

4

L'érotisme shivaïte – Avec un corps pareil, la sexualité ne se pense pas sur le terrain de l'affrontement, de l'opposition, de la répulsion, du malentendu, comme avec le corps chrétien, mais, par-delà le bien et le

143

mal, elle se joue sur celui des connexions d'énergie, des soudures de réseaux de force, des jonctions de flux de puissance, d'embranchements de vitalités entre le corps et le cosmos, parcourus par une même dynamique. La sexualité signe l'activité créatrice de ces agencements (connexions, soudures, jonctions, embranchements) et fonde cette religion, un mot auquel nous pourrions toutefois préférer spiritualité, car la religion suppose des arrière-mondes là où cette *spiritualité* ne s'occupe que de l'inframonde, le seul susceptible d'une pure appréhension physique.

Le shivaïsme laisse place à la religion védique. À l'époque où Socrate parcourt l'agora d'Athènes apparaissent des images anthropomorphiques des dieux védiques. Le shivaïsme s'estompe, les hymnes védiques se trouvent consignés par écrit, le brahmanisme apparaît, et avec lui le système des castes. La spiritualité explose en religions qui s'appuient sur des livres, des écrits, des prêtres, du texte, du récit, du mythe, des légendes. Les dieux épiques prennent la suite avec les grands récits du *Mahabharata* ou du *Ramayana*. Les dieux puraniques transfigurent certaines divinités mineures du panthéon védique en divinités majeures – Vishnou par exemple.

La nature recule ; la culture avance. Mais Shiva reste dans le substrat de l'âme indienne, dans son quotidien – y compris dans des temples, comme celui de Bénarès dans lequel trône un linga, un yoni, des *svastikas*, des étoiles qui ressemblent à celles de David mais que constituent la réunion d'un triangle pointe en haut, le principe masculin, et d'un autre, pointe en bas, principe féminin. Dans ce temple de Shiva à Bénarès, l'eau du Gange coulait sur le linga, et plus tard sur les *ghâts* où, dans la nuit, j'assistais à des crémations, je vis passer un homme porteur du trident, l'un des attributs de Shiva. En Inde, rien ne meurt, tout revient : le shivaïsme a généré des sectes contemporaines, elles disent la plasticité d'une spiritualité dans laquelle rien ne se perd, rien ne se crée, tout se transforme. Par la grâce du phallus...

Troisième partie
Pédagogie des corps

1

Enseigner l'art d'aimer – Le christianisme dispose d'une érotique par défaut : sa négation constitue l'une de ses modalités qui débouche sur ce que j'ai nommé le nihilisme de la chair couplé à l'éros nocturne. Dans nombre de pays non-occidentaux, il existe une tradition de la pédagogie d'Éros : en Chine, au Japon, en Inde bien sûr, on trouve des ouvrages relevant de ce que l'on appelle des « livres de l'oreiller » dans lesquels, pour montrer la dimension éminemment culturelle de l'érotisme et de l'acte sexuel, on explique, on raconte, on précise, on enseigne le corps sexué, le corps sexuel, le corps amoureux, le corps jubilatoire. Dans tous ces ouvrages soutenus par des spiritualités non-chrétiennes (bouddhiste au Japon, taoïste en Chine, hindouiste en Inde), on s'éloigne de l'origine animale du sexe pour le conduire vers le plus haut raffinement culturel.
D'où le *Kâma-sûtra*, livre célèbre et méconnu : célèbre, pour de mauvaises raisons, car la plupart en connaissent le nom, mais le réduisent à une série de positions sexuelles dont ils se savent physiquement incapables – trop yogiques pour les sportifs du dimanche postmoderne ! Certes, il est question de positions (l'enroulée, la pressante, la posture terrible, la grande ouverture, le bambou fendu, la pose du clou, la posture du crabe, l'union de la vache, l'union du troupeau de vaches, le plaisir merveilleux, la fermeture de l'écrin, la posture de la jument…) sur le mode de l'énumération. Mais ce chapitre constitue une infime partie de l'ouvrage. Voilà pour quelles raisons il est méconnu : car on ignore tout de la suite qui enseigne l'éros léger, le féminisme égalitaire, les jubilations libertaires, les dynamiques ludiques, les jeux hédonistes, l'invention du corps de l'autre, la construction du plaisir à deux, le souci d'autrui, les vertus nécessaires (délicatesse, prévention, douceur, tendresse, inventivité,

imagination) et tout ce qui préside à la construction de deux plaisirs – celui de l'autre et le sien. Pas étonnant que le cerveau formaté par le christianisme aille directement dans ce livre à ce qui devient avec lui scabreux, graveleux, sanieux – pour le coup obscène, pour utiliser un mot de Bataille. Et que, ce faisant, le lecteur mené par une frénésie fautive néglige ce qui permettrait une alternative à son nihilisme de la chair...

2

Kâma-sûtra* contre *Cité de Dieu – Le *Kâma-sûtra* agit en exacte antithèse à *La Cité de Dieu*. Vâtsyâyana, pour ce que l'on en sait, autrement dit pour les informations livrées dans le corps de son ouvrage, est un brahmane qui enseigne l'excellence de l'hindouisme et appelle à respecter les règles de sa religion. Le livre se présente comme une synthèse d'ouvrages anciens consacrés au même sujet, à savoir « l'art du sexe ». Dès l'ouverture du livre, le philosophe donne le nom des auteurs, le titre de leurs ouvrages, les grandes lignes des contenus et annonce qu'il résumera l'ensemble.
En prolégomènes, Vâtsyâyana pose clairement la dimension philosophique de son projet : si les animaux se contentent de la sexualité brute, de la copulation mécanique indexée sur l'unique exigence de la nature, les hommes, eux, pour autant qu'ils aient envie de mériter leur humanité, doivent faire un art, une culture, un savoir-faire, une connaissance, une sagesse, une esthétique des choses de l'amour, grâce à des techniques susceptibles d'être enseignées, transmises par un individu qui sait à un autre qui ignore. Et, chose essentielle : l'ignorant qualifie tout aussi bien l'homme que la femme. La culture sexuelle s'offre donc indistinctement aux deux sexes, ce qui, de fait, définit chez le penseur indien une égalité essentielle et existentielle dès le départ entre les deux sexes. On est loin des fables chrétiennes sur Adam abusé par une Ève vicieuse et pécheresse – et encore plus loin de la haine chrétienne des corps.

Cette page et suivantes : miniatures indiennes, sur os et sur papier, XX\ siècle

III Physique de l'éros indien

3

Construire une belle individualité — Un tel féminisme se déploie dans l'invitation à produire une belle individualité — homme ou femme. Ce sage contemporain de saint Augustin propose une philosophie intégrée dans une vision générale des choses qui comprend le droit (*dharma*), la propriété (*artha*) et l'amour (*kâma*). Des traités furent écrits sur chacun de ces trois domaines et Nandi, l'assistant de Mahâdeva, rédigea mille chapitres sur les choses de l'amour (*Kâma-shâstra*). Vâtsyâyana effectue donc la synthèse des synthèses déjà effectuées au travers des âges sur cette question.

Le *Kâma-sûtra* enseigne l'excellence de l'enseignement. L'augmentation de la culture et du savoir contribue à l'augmentation du plaisir et de la jouissance. D'où la nécessité, pour les femmes, de s'initier aux soixante-quatre arts. Certes, dans la liste livrée dans le désordre, un certain nombre d'activités relèvent de ce qu'habituellement on associe aux devoirs des femmes, un genre d'*art domestique* où triomphent les *arts d'agrément* : l'arrangement floral ; la disposition des lits et des tapis ; la décoration picturale ; la confection de colliers et de guirlandes ; la fabrication de turbans et de diadèmes ; celle d'ornements d'oreilles ; la confection de parures vestimentaires ; la distinction et l'élégance ; la couture ; le macramé ; la fabrication des chars fleuris ; la coloration des bijoux ; les bons usages ; les tours de magie ; l'art d'apprendre à parler aux perroquets et aux mainates ; la mosaïque des sols ; les jeux pour les enfants ; etc.

À cela s'ajoutent la connaissance et la pratique des *beaux-arts* : le chant, la danse, la musique instrumentale, la peinture, la calligraphie et le découpage des silhouettes, l'art des coupes à eau musicales, les représentations théâtrales, la mise en scène, l'art du luth, le jeu des vers qui s'enchaînent, la lecture et la déclamation, la composition poétique, l'improvisation orale de poèmes, le mime, les jeux de mots et de phrases à transformer.

Les arts concernent également le corps et les *techniques du corps* : la

III *Physique de l'éros indien*

150 • 151

préparation de la nourriture végétarienne, des boissons et jus de fruits ; la connaissance de la médecine ayurvédique ; les jeux d'adresse ; l'art du déguisement ; la parure à l'aide de grains de riz et de fleurs ; la coloration des dents, des ongles, le tatouage des membres ; la préparation des parfums ; l'application d'onguents, le massage, les frictions et les soins de la chevelure ; la gymnastique ; et l'énigmatique « art de changer l'apparence des choses »…

Enfin, dans le corps des soixante-quatre arts, on trouve des activités qui passeraient en Occident, à la même époque, au Ve siècle de notre ère, pour des activités spécifiquement masculines, des *arts majeurs* : la dialectique, la menuiserie et la sculpture, l'architecture, la minéralogie, la numismatique, l'alchimie, l'art des mots et écritures diverses, la connaissance des langues étrangères, celle des dialectiques vernaculaires, l'interprétation des présages, l'exercice des diagrammes et autres signes ; la maîtrise des formules magiques – *mantras* –, la stratégie militaire.

Un genre de progression paraît pensable entre les arts domestiques et les arts majeurs : entre l'art de disposer des tapis ou de savoir parler aux mainates ou celui de la dialectique et de la stratégie militaire, on imagine un véritable programme pédagogique, au sens étymologique, un projet existentiel destiné à fabriquer de belles individualités femmes. Quand, derrière saint Paul, le destin chrétien d'une femme consiste à obéir à son mari – selon l'invite faite dans l'Épître aux Éphésiens, « les femmes doivent être soumises à leur mari » (V, 24) –, le *Kâma-sûtra* propose aux femmes les moyens du savoir, de la culture, de l'intelligence, de la tête bien faite, de l'autonomie. Dans un traité qui apprend les arts de l'amour aux hommes et aux femmes, il est magnifique de voir l'ouvrage affirmer l'égalité ontologique hommes / femmes. La sexualité ne concerne donc pas que le corps, que l'enveloppe (à quoi servirait alors une femme rompue aux arts de l'architecture ?), mais la totalité de l'être. Le nihilisme chrétien mutile le corps ; la spiritualité indienne le célèbre, le construit, le magnifie.

Il faudra attendre un millénaire pour qu'en Europe chrétienne apparaissent des traités destinés à proposer un art de construire de belles individualités : Balthazar Castiglione et *Le Livre du courtisan* (1528), Giovanni Della Casa avec *Galatée* (1558), Torquato Accetto et *De l'honnête dissimulation* (1641) ou Baltasar Gracian et *L'Honnête Homme* (1646). Mais tous, absolument tous, s'adressent au jeune homme, au garçon, au gentilhomme, au mâle, mais jamais, ô grand jamais, aux femmes ! Plus de mille ans de retard pour le souci d'une construction de soi et l'écriture de traités à l'avenant, preuve que l'on entretient les femmes dans l'ignorance afin de pouvoir mieux la leur reprocher comme procédant de leur nature – une idée tellement séduisante pour le christianisme !

4

Un même plaisir pour deux sexes – Cette égalité indienne de traitement existentiel des hommes et des femmes ne gomme pas les différences, au contraire, car cette spiritualité ne se transforme pas en idéologie inégalitaire : de la différence ne naît pas l'inégalité, la hiérarchie (comme chez les chrétiens : l'homme assurant sa supériorité sur la femme à la manière de Dieu avec les hommes), mais la nécessité de penser les agencements en regard de la nature physiologique de chacun.
(Cette idée infuse doucement l'Occident à partir des *gender studies* américaines. Les actrices et acteurs de ce courant revendiquent Derrida et Foucault comme généalogistes et affirment l'inexistence de deux sexes séparés. Ils et elles militent pour des subjectivités sexuelles irréductibles et des désirs propres à chacun : d'où le transsexualisme, l'homosexualité, le travestisme et toutes les formes possibles de sexualité parmi une indéfinie multiplicité. Le *Kâma-sûtra* pourrait se présenter comme un ouvrage généalogique à cette pensée qui révolutionne le sexe – et notamment avec le chapitre intitulé « Les femmes qui jouent le rôle de l'homme et prennent l'initiative ».)

III Physique de l'éros indien

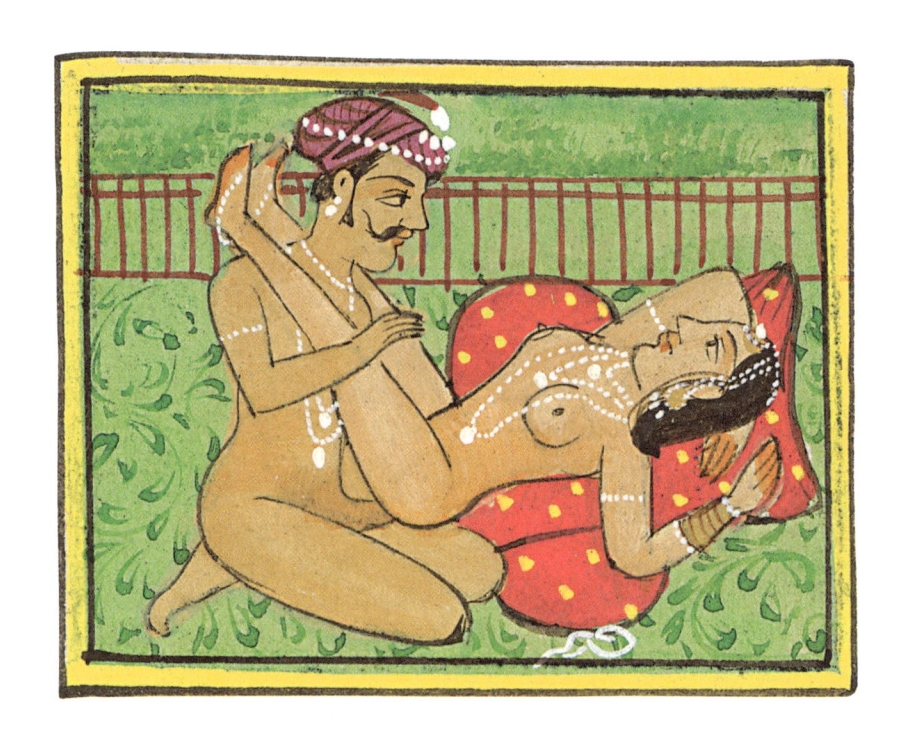

Vâtsyâyana théorise la différence sexuelle : le désir n'est pas susceptible d'être sexualisé par genre – désir de l'homme contre désir de la femme –, car il est individualisé – désir de celui-ci, désir de celui-là. On ne saurait donc affirmer, comme d'aucuns l'ont fait en Inde – Uddâlaka par exemple, que Vâtsyâyana critique dans le *Kâma-sûtra* – et d'autres en Occident : que le plaisir des hommes n'a rien à voir avec celui des femmes ; qu'une fois satisfaits, les choses s'arrêtent pour les hommes, alors qu'elles commencent pour les femmes ; que, naturellement, les hommes sont déterminés à l'action, à l'activité, et les femmes à la passivité ; que l'excitation masculine est fruste et l'assouvissement violent, alors que, pour les femmes, le plaisir serait indéfinissable...

Dans les conclusions du chapitre consacré à la « volupté des sens », Vâtsyâyana pulvérise ces assertions différentialistes et inégalitaires en concluant : « La nature des antagonistes est semblable y compris chez les amants de sexe opposé. La divergence d'attitude des hommes et des femmes provient seulement de la conformation particulière de chacun. On peut donc affirmer qu'homme et femme éprouvent une jouissance équivalente. » Autrement dit : égalité *essentielle* intégrale devant le plaisir. Alors pourquoi, malgré cette égalité théorique, existe-t-il des inégalités pratiques dans le ressenti de l'acte sexuel ? Le plaisir est le même pour tous, certes, mais pourquoi certains en ont, d'autres pas ? Ou certains beaucoup, d'autres peu ? Réponse du *Kâma-Sûtra* : à cause de mauvais agencements. Si, théoriquement, hommes et femmes sont ontologiquement aptes à ressentir le même plaisir, pratiquement, ils peuvent passer à côté pour n'avoir pas compris que, physiologiquement, chacun doit trouver sa chacune – ou chacune son chacun... Là réside la solution au problème des plaisirs diversement ressentis : non pas dans l'absolu d'une inexistante différence sexuelle, mais dans le relatif d'une relation sexuelle spécifique.

5
Pénis de lièvre, vulve d'éléphant – Le plaisir nomme donc une seule et même chose susceptible d'être vécue de la même manière, avec la même

force et la même intensité chez l'homme et la femme. Donc, pas de destin sexué attaché au genre qui surdéterminerait la capacité ou l'incapacité à éprouver la jouissance. Égalité de droit hédoniste… Mais, chacun aura pu l'expérimenter, les orgasmes obéissent à des lois obscures et le sexe a ses raisons que la raison ne connaît point – toujours. Vâtsyâyana donne son explication : chacun est différent, physiologiquement, biologiquement, corporellement, et le plaisir, pour exister, suppose un agencement organique particulier.

Dans la diversité absolue, le penseur des corps sexué propose une taxinomie, un genre de phénoménologie des organes, qui permet de savoir quel corps pourra nous donner du plaisir et à quel corps on pourra en donner. Le développement court, serré, ramassé des pages concernant cette démonstration, analyse trois composantes essentielles – dimension des organes, ardeur du désir et durée de l'acte.

Ces quelques lignes ouvrent de vastes perspectives sur les agencements possibles : petit sexe masculin avec gros sexe féminin, l'homme disposant d'une vive ardeur et la femme d'une petite libido, lui, rapide au lit, elle, plutôt capable de faire durer, voilà un cas de figure particulier. On imagine à l'inverse qu'un homme richement doté en longueur et en largeur phallique, mais petitement doué d'ardeur au lit, mais partisan tout de même de longues durées, se trouvant sous les couvertures avec une femme de petite profondeur, de petite ardeur et goûtant les petites durées, illustre une autre configuration…

Théorisons, chacun s'y retrouvera. Pour la dimension des organes, trois possibilités masculines : petit sexe, sexe moyen, grand sexe. Elles correspondent à trois animaux : le lièvre, le taureau, le cheval. Trois possibilités féminines : sexe peu, moyennement ou très profond : soit l'antilope, la jument, l'éléphante. Pour l'ardeur du désir, la taxinomie vaut pour le mâle comme pour la femelle : petite libido, peu de désir, puissance faible, réponse molle aux avances de l'autre, libido moyenne ou libido intense avec élans impétueux. Pour la durée de l'acte : rapide, modérée ou longue…

156 · 157

Vâtsyâyana ayant déterminé trois physiologies masculines et autant pour les femmes, il existe donc neuf possibilités d'accouplement. Trois sont conformes à la nature et produisent une *jouissance modérée* : elles supposent que le petit aille avec la petite, le moyen avec la moyenne, le fort avec la forte, ce qui donne, si l'on traduit avec le bestiaire : lièvre / antilope, taureau / jument, cheval / éléphant – on remarquera que, dans ce cas de figure allégorique malheureux, le couple cheval / jument est inégal...

Six autres accouplements sont inégaux. Premièrement, dans le cas d'une physiologie masculine plus avantageuse que la physiologie féminine, on parle d'union supérieure : cheval / antilope, cheval / jument, taureau / antilope, ce qui débouche sur une *jouissance d'un type aigu*. Deuxièmement, dans le cas d'une physiologie féminine supérieure à celle de l'homme, on parle d'union inférieure : éléphante / lièvre, éléphante / taureau, jument / lièvre, l'ensemble produit un *plaisir insignifiant*. Voilà pour quelles raisons, bien que disposant théoriquement d'une même capacité à éprouver un plaisir semblable deux êtres conformés particulièrement auront ou n'auront pas de plaisir et ressentiront différemment leur jouissance.

À quoi il faut bien sûr ajouter l'ardeur et la durée, ce qui ouvre à une série de combinaisons dont j'abandonne le détail... Précisons pourtant que la quantité et la qualité de la volupté augmenteront en fonction de la possibilité de faire durer l'acte sexuel le plus longtemps possible. D'où les fameuses postures du *Kâma-sûtra* qui existent pour permettre des variations, des jeux avec le temps, des maîtrises de durées, car certaines figures économisent des parties du corps pendant que d'autres sont actives, l'une détend ce qui a été tendu, l'autre distrait une zone pendant qu'une nouvelle géographie érogène donne ce qu'elle a à donner.

6

Les techniques érotiques – Chacun mesure que les durées masculines courtes ne peuvent engendrer des intensités fortes chez les femmes et

qu'en revanche, toute maîtrise de soi par des techniques de souffle, de compression de certains points du corps, de respiration qui régulent le rythme cardiaque par une oxygénation adaptée, de variations des postures donc, et toutes autres méthodes enseignées par le yoga tantrique, permettent d'attendre le temps nécessaire à l'intensité adéquate pour offrir le plaisir à sa partenaire. Vâtsyâyana écrit : « Voilà pourquoi l'homme doit, à chaque fois, être très attentif et appliquer la bonne méthode au bon moment. »
D'où des considérations sur ce qui permet de différer le plus tard possible l'éjaculation masculine (car le *Kâma-sûtra* s'interroge aussi sur l'éjaculation féminine…) comme les baisers, les égratignures, la docte et savante utilisation des ongles et des dents, les « relations bucco-génitales », les morsures, les coups, les sons de l'amour et les soupirs, l'usage des onguents, les mots susurrés, les obscénités, les insultes, les usages de musique, vins, boissons, liqueurs, spiritueux, le recours aux objets et tout autre développement sur le « déroulement du commerce sexuel »…
Dans le *Kâma-sûtra*, tout est possible, tout est pensable, rien n'est interdit. Certes, les chapitres consacrés au choix d'une épouse, à ses qualités, à sa conduite avec son mari et les autres membres de la maisonnée, relèvent d'une autre logique que la pure logique sexuelle, celle du pacte matrimonial. De même quand il s'agit de l'art des courtisanes : lorsqu'il ne s'agit pas de procréer, de continuer un lignage, de se marier, de faire des enfants, de transmettre un patrimoine, un nom, une fortune, des terres, alors il existe des interdits, notamment celui d'éviter les relations entre les castes. Mais quand il s'agit du sexe pur, en dehors des considérations sociales, alors tout est possible pourvu que l'on vise le plaisir.
La preuve s'en trouve donnée dans les développements concernant les amants adultères et les relations cyniquement matérialistes du genre : accéder à la fortune d'un homme, reconquérir un ancien amant abandonné, soutirer de l'argent à un galant, évincer une favorite, monter les épouses les

III Physique de l'éros indien

160 · 161

unes contre les autres, devenir la préférée, soudoyer une entremetteuse, sinon recourir à la magie, aux préparations aphrodisiaques à même d'accélérer les projets *ad hoc*... Vâtsyâyana s'inscrit dans la logique philosophique utilitariste et conséquentialiste : il n'existe ni bien ni mal en soi, mais seulement du bon et du mauvais en regard de l'objectif de réaliser le plaisir. Une fois encore, les préceptes érotiques indiens, et toute l'érotique solaire en général, semblent annoncer le Spinoza écrivant qu'il n'existe ni bien ni mal, mais du bon et du mauvais en regard de ce que nous proposons, car nous nommons bon ce vers quoi nous sommes portés et mauvais ce qui nous éloigne de notre tropisme. Voici donc une érotique qui ouvre à une éthique débarrassée de la morale : elle invite à construire de belles individualités, femmes comprises bien sûr, et de belles intersubjectivités.

Dès lors, hors morale moralisatrice, loin des carcans que supposent les figures de l'Homme et de la Femme, il nous faut construire pour chacun, en fonction de nos idiosyncrasies, une histoire à écrire en fonction de notre caprice amoureux, de notre tempérament sexuel et de notre caractère libidinal. L'éros solaire, indexé sur la pulsion de vie, célébrant l'énergie du vivant, préférant le culte du phallus à celui de la Croix, aimant le partenaire comme autant de chances pour parvenir à la joie, mérite souci : théoriquement, comme avec ce livre, et pratiquement comme l'ouvrage y invite chacun de ses lecteurs...

162 · 163

Conclusion
Pour un nomadisme sexuel

1

Que faire ? – Après ce double voyage en *nihilisme de la chair chrétienne* et en *physique de l'éros solaire indien*, la question se pose : que faire ? Comment déchristianiser les corps d'aujourd'hui ? Les exemples de déchristianisation restent des moments rares dans l'histoire de l'Occident. En 1793-1794, six mois seulement, elle exista, avant que Robespierre, déiste et bras armé de la bourgeoisie, y mette fin en envoyant ses acteurs à l'échafaud. En plus des symboles (changer les noms des jours, des mois, des villes, les prénoms), des actes iconoclastes (destruction des fétiches chrétiens), d'une politique laïque (réquisition des couvents et monastères, confiscation des biens du clergé mis à la disposition de la nation, affectation de certaines églises à des activités d'utilité publique), il y eut une ébauche de révolution des corps avec la loi sur le mariage, celle qui autorise le divorce, l'émergence des clubs féministes, la revendication d'une « égalité des jouissances » et de droits de la Femme, la revendication de la liberté du vêtement. Mais la pruderie des robespierristes eut raison de cette ébauche de déchristianisation qui, commencée le 6 novembre 1793, se termine l'année suivante avec l'arrestation de Claire Lacombe, le 2 avril.

Le second grand et vrai moment de déchristianisation fut sans conteste Mai 68 : autrement dit, l'esprit de Mai, qui souffle en amont et vente encore longtemps en aval. En amont, la loi Neuwirth, votée le 28 décembre 1967, autorise la contraception qu'une loi du 31 juillet 1920 interdisait : c'est l'année de parution de *Présentation de Sacher-Masoch*, de Deleuze... En aval, une loi du 4 décembre 1974 libéralise la contraception et autorise son remboursement par la Sécurité sociale, puis, l'année suivante, la loi Veil libéralise l'avortement, l'année de *Surveiller et punir*... La gauche

Conclusion

D'après François Boucher, *Couple d'amoureux*, XVIIIe

Triolisme et masturbation, boîte à double-fond, fin XVIIIe-début XIXe siècle

combattait pour ces mesures-là, contre la droite, mais, paradoxalement, ce furent des gouvernements de droite qui prirent ces mesures.

Les fameux événements de Mai 68 ne furent pas que ce que la carte postale raconte : les barricades dans le Quartier latin, l'occupation de la Sorbonne, l'agora du Panthéon, les manifestations boulevard Saint-Michel, le gaz lacrymogène à Saint-Germain-des-Prés... Ce fut aussi, en province, c'est-à-dire dans toute la France, une révolution métaphysique anti-autoritaire qui mettait à mal le principe du pouvoir de droit divin. Loin des drapeaux de Mao, des affiches sérigraphiées dans les ateliers parisiens des Beaux-Arts, des citations de Marcuse, dans le plus petit village de la campagne française, les dominants ne parlèrent plus de la même manière aux dominés : le père à ses enfants, le professeur à ses élèves, le patron à ses employés, mais aussi, et surtout, le mari à son épouse, l'homme à la femme, le prétendu sexe fort à l'hypothétique sexe faible...

2

Sexe du surmoi, sexe du ça – Le printemps de Mai fut suivi par un hiver durable : de la même façon que la première déchristianisation aboutit aux temples de la Raison, à la fête de l'Être suprême, au retour de la religion déiste, à la décapitation des athées, la seconde accouche d'une liberté généralisée, y compris sur le terrain économique et politique. Dès lors, le capitalisme dans sa formule paternaliste laisse place au capitalisme dans son acception libérale. Le sexe d'avant, capitaliste paternaliste, sexe du surmoi, s'efface au profit du sexe d'après, capitaliste libéral, sexe du ça : avant, autorité, culpabilité, brutalité, après, licence, mais aussi consumérisme, nihilisme...

La négativité de Mai débouche sur un terrain vague que ne remplit aucune construction positive : le sexe lâché, débridé, vécu sur le mode capitaliste de l'accumulation, de la dépense, de la religion de l'objet et de la chose ;

le corps pensé comme un produit jetable, un bien de consommation ; les sexualités expérimentales chaotiquement accumulées ; les communautés introuvables remplaçant les couples devenus impossibles ; l'improvisation sans foi ni loi, dans laquelle les enfants paient le prix fort la désorientation des adultes ; les fantasmes de transparence pervers s'imposant contre l'opacité hypocrite des anciens agencements ; la pédophilie légitimée sous prétexte de droit des enfants à la sexualité – sous-entendu avec des adultes… Tout cela prouve une dialectique interrompue en route : le désastre d'après vaut-il mieux que le désastre d'avant ?

Une troisième déchristianisation s'impose. Contre le *sexe du surmoi*, sexe de Papa, Grand-Papa et Arrière-Grand-Papa, sexe d'Yvonne de Gaulle et de son mari, contre le *sexe du ça*, sexe de la maman de Michel Houellebecq – et ce seul nom devrait suffire à mesurer l'indigence de cette pseudo-libération sexuelle… –, un *sexe du moi* permettrait de résoudre le problème des deux excès de ce mouvement de balancier : ni Commandeur sous le lit, ni psychanalyste à côté du baldaquin, mais le retour du sofa libertin, du divan oriental, des tapis persans, des coussins indiens, des alcôves chinoises, des nattes et tatamis japonais, et autres variations sur le thème cher à Gauguin de « La Maison du jouir » *otahitienne*, comme on disait alors…

3

Sexe du moi rimbaldien – Qui est le moi de ce sexe à venir ? Un moi éclaté, explosé, divers, multiple, un moi qui échappe à une définition univoque, sûrement pas un *cogito* cartésien, mais bien plutôt un *je* rimbaldien. Car le premier pilier de cet érotisme solaire suppose un nominalisme sexuel. Qu'est-ce qu'un nominalisme sexuel ? Une pensée qui récuse les définitions générale, universelle, platonicienne de l'Homme et de la Femme avec majuscules et définissant une essence intangible, anhistorique. Diogène le faisait savoir en son temps : il

Conclusion

Frans Masereel, *Désir*, 1921

Frans Masereel, sans titre, série « Expiations », 1933

Conclusion

Camille Clovis Trouille, *Le Confessionnal*, 1959

n'existe pas une définition de l'homme, encore moins de l'homme et de la femme. Mais simplement une multiplicité d'individualités irréductibles à un concept général et générique. La sexualité de chacun procède d'une histoire singulière, sans double, écrite une fois dans l'univers et ne se reproduisant jamais dans le cosmos.

Le nominaliste affirme que l'on peut, pour d'évidentes raisons de facilité langagières, utiliser des catégories du genre « homme », « femme », « homosexuel », « hétérosexuel », « bisexuel », mais il sait que ces cases témoignent d'une démarche dérisoire qui croit possible de faire entrer la chatoyance de l'humanité libidinale dans quelques cases normatives utiles aux pouvoirs de tous ordres – y compris et surtout psychiatriques, policiers. Or « Je est un autre » et ces catégories ne rendent pas justice au réel...

La norme fut longtemps hétérosexuelle, monogame, nucléaire, familialiste, cohabitante, fidèle. De sorte que tout ce qui n'entrait pas dans ce cadre légal, social, politique, religieux, devenait a-normal, donc répréhensible, condamnable, punissable. Même de plus légères incartades devenaient des tragédies. (Que l'on songe ainsi à Gabrielle Russier, jeune professeur de lettres de trente-deux ans, enseignante dans un lycée à Marseille, séparée de son mari, élevant seule ses deux enfants. Dans les manifestations d'après 68, elle rencontre Christian Rossi, un jeune homme alors âgé de seize ans, élève en seconde. Une histoire d'amour naît. Les parents du jeune homme, professeurs à l'université d'Aix-en-Provence (!), portent plainte : l'enseignante est incarcérée aux Baumettes et condamnée à un an de prison et une amende. Le parquet fait appel sous la pression de l'université dans laquelle la jeune enseignante postulait pour un poste d'assistante. Le 1er septembre, Gabrielle Russier se suicide au gaz. Cette histoire n'a pas quarante ans...) On imagine des configurations amoureuses plus élaborées !

Conclusion

Gilles Berquet, sans titre, 1999

4
Les libidos disparates – On ne naît pas ce que l'on est sexuellement, on le devient. L'hétérosexualité est une possibilité parmi d'autres. Vâtsyâyana avait raison de penser les choses en termes de diversités : de physiologie, de libido, de tempérament et de caractère. À ce début profitable de recomplexification du réel, ajoutons les acquis des travaux contemporains qui, pour le meilleur (la phénoménologie des différences sexuelles) et pour le pire (la normatisation psychiatrique), ont contribué à l'écriture d'une véritable encyclopédie du sexe qui montre la nature disparate des libidos singulières.

Chacun est ce qu'un trajet affectif, émotif, sensuel, éthologique, historique, sociologique, religieux, spirituel, métaphysique, ontologique, familial, géographique, philosophique l'aura fait être. À quoi s'ajoutera ce qu'il aura fait de ce que l'on aura voulu faire de lui – selon l'heureuse découverte du Sartre de la psychanalyse existentielle. Dès lors, la distinction entre Homme et Femme est la plus petite des définitions communes et possibles, réductible à ce que la physiologie enseigne au premier abord. Mais l'âme qui, bien que matérielle, relève de lois plus complexes et plus subtiles que la pure anatomie, quelle est-elle sur le terrain libidinal ?

Un réel travail socratique qui propose une variation sur le thème du « Connais-toi toi-même » s'impose sur le terrain du tempérament libidinal, du caractère sexuel. Pour réaliser une érotique solaire, la première exigence consiste à répondre, pour chacun, à cette série de questions : qui suis-je ? Quel est mon désir ? Qu'ai-je essayé qui me permette de penser que j'ai choisi ? À quoi ressemble mon trajet existentiel amoureux, sexuel, affectif, émotionnel ? Qu'ai-je personnellement fait de ce que mes parents, ma famille, mon entourage, la société dans laquelle je vis, la spiritualité ou la religion de mon temps, les modèles dominants de mon époque, ont voulu faire de moi ? M'en suis-je émancipé ? En ai-je saisi les mécanismes ? L'ai-je voulu, désiré, choisi, repris à mon compte ?

Quid de ce qui pourrait, chez moi, définir une misère sexuelle ? Où se trouvent les compulsions de répétition qui toutes me conduisent chaque fois dans les mêmes impasses ? À quoi ressemble mon plaisir ? Est-il même au rendez-vous ? Dans quelles qualités, quantités, selon quelles modalités ? Que puis-je faire, que sais-je faire, du désir et du plaisir d'autrui ? Et autres questions en nombre, car il s'agit de savoir ce que l'on veut pour envisager ce que l'on peut – et *vice versa*.

5
L'Encyclopédie du sexe – Ce que peut le sexe, en dehors du seul tropisme chrétien du nihilisme de la chair, se trouve d'abord chez les psychiatres. Ainsi chez le baron Richard von Krafft-Ebing (1840-1902), auquel on doit une volumineuse *Psychopathia sexualis* (1886) sous-titrée, ne l'oublions pas, *Étude médico-légale à l'usage des médecins et des juristes*, et qui propose d'examiner les « perversions » sexuelles : le psychiatre austro-hongrois pose que la norme est hétérosexuelle, et qu'elle suppose l'accouplement et la procréation. Nous sommes toujours dans la perspective de l'agencement chrétien issu de saint Paul. Est pervers tout ce qui déroge à cette loi. Autant dire que l'ouvrage mélange le défendable et l'indéfendable, confond le « normal » et le « pathologique », et juxtapose une libido solaire à une libido nocturne : ainsi des couples onanisme et nécrophilie, homosexualité et zoophilie, fétichisme et viol, travestissement et pédophilie, masochisme et sadisme, uranisme et meurtre rituel, triolisme et zoosadisme, coprophagie et assassinat...

Car je trouve « normal » le premier terme de ces couples et « pathologique » le second, pour la bonne et simple raison qu'onanisme, homosexualité, fétichisme, travestissement, masochisme, triolisme, coprophagie relèvent d'un contrat entre soi et soi, voire, pour certains cas, d'un contrat possible avec un tiers ou plusieurs, alors que nécrophilie, zoophilie, viol, pédophilie, sadisme, meurtre rituel, zoosadisme, assassinat s'effectuent

Pierre Molinier, *Le Chaman*, 1970

toujours sans le consentement des victimes. Les cas d'exhibitionnisme, de voyeurisme, de ligotage, d'inceste, d'uranisme, de flagellation relèvent soit du normal, en cas contractuel, soit du pathologique, dans l'hypothèse d'une pratique infligée hors consentement.

Car il me semble que le normal n'est pas fourni par le modèle social et religieux dominant, mais par le *contrat intersubjectif*. Le droit ne fait pas la loi quand deux êtres ou plus désirent, veulent et consentent à ce qu'ils se font ou s'infligent. Le cas récent d'une relation sadomasochiste cannibale qui a permis à un mangeur potentiel de rencontrer par Internet un mangé effectif, le tout scénarisé, théâtralisé, ritualisé, et pratiqué un jour avec le consentement des deux protagonistes, me parait relever du normal et non du pathologique. Celui, malheureusement trop réel, du mari qui abuse de sa femme dans le lit conjugal sans son consentement procède sans conteste du pathologique.

La psychiatrie a donc multiplié les cases dans lesquelles faire entrer les pratiques répertoriées, étudiées, analysées, puis classées : d'où une série de mots nouveaux, des néologismes, pour qualifier des pratiques inédites ou, du moins, minoritaires. La *mixoscopie* rend compte de celui qui ne jouit qu'en regardant les autres jouir, sans autre participation que celle du regard ; l'*autonomosexualiste* nomme celui qui ne connaît le plaisir qu'avec son image réfléchie dans un miroir ; le *gynécomaste* celui chez qui poussent des seins féminins ; l'*inverti sexo-esthétique* celui qui s'habille non pas en fonction de son sexe biologique, mais de celui qu'il ressent être comme le sien ; les femmes *dyspareunistes* celles qui souffrent d'asthénie sexuelle. Krafft-Ebing liste et détaille tout cela sur presque mille pages…

6

Phénoménologie neutre du sexe – Le discours psychiatrique laisse place au discours militant, qui propose d'autres noms pour qualifier de nouvelles pratiques en dehors de tout souci normatif. La phénoménologie neutre

prend donc la place du discours médical – sinon médico-légal. Les textes qui procèdent des *gender studies* écrivent de nouveaux dictionnaires dans lesquels on trouve, hors morale moralisatrice, des *fems* (« lesbiennes "féministes" »), des *gouins* (« pédés à identification lesbienne »), des *bears* (gays poilus revendiquant leur embonpoint pour s'opposer aux corps bodybuildés assimilés au « *body fascism* »), des *drag kings* (« inverse du *drag queen* »), des *butchs* (« lesbiennes "masculines" »).
En plus des terrains de combat féministes issus des campus américains, qui se réclament de Lacan et Foucault, Deleuze et Derrida, la question sexuelle est également abordée par des chercheurs. Dans le *Dictionnaire de la pornographie*, par exemple, on nomme *LSA* (*Left shoulder articulation*) le sujet qui jouit particulièrement de relations sexuelles avec des amputés du bras gauche, *splosh* l'utilisateur de substances liquides ou semi-liquides, *forniphile* l'amateur de mobilier urbain à usage sexuel, *symphorophile* l'adepte des victimes des accidents ou des explosions, *hypergraviphile* l'affidé des femmes enceintes, *autonepiophile* la personne jouant au bébé, etc. !

7
Les « fantaisies lubriques » – Avant la taxinomie psychiatrique de Krafft-Ebing et de ses suivants, Charles Fourier théorise dès 1817 le nominalisme sexuel dans un ouvrage majeur peu lu, *Le Nouveau Monde amoureux*. J'ai précisé la nature de la pensée fouriériste, y compris dans ses acceptions sexuelles, dans le cinquième tome de la *Contre-histoire de la philosophie*, intitulé *L'Eudémonisme social*, je ne développerai donc pas à nouveau. Sa proposition fonde l'érotisme solaire occidental postchrétien, alors que Sade pérennise l'érotisme nocturne chrétien.
Retenons chez ce philosophe extravagant cette série d'idées révolutionnaires : le tempérament sexuel de chacun ne connaît pas de double ; toutes les fantaisies existent dans la nature ; aucune n'est amorale ou immorale ; une

Conclusion

Photographe amateur, autochrome, vers 1930

combinaison libidinale existe pour chacun, quels que soient les caprices ou les lubies – il suffit d'organiser l'agencement des « attractions passionnées » dans un phalanstère – ; naturellement nous recherchons le plaisir ; toute passion est bonne en soi ; il n'existe que de mauvais usages des bonnes passions ; toute passion engorgée produit une frustration qui génère la négativité individuelle et sociale ; la communauté doit inventer et prévoir tous les agencements possibles et imaginables afin de faciliter leurs réalisations – à deux, à trois, dix ou plus, les très jeunes avec de très vieux, de fort laids avec des beautés, les « flagellistes », les « vieux poupons », les « gratte-talons », les « pince-cheveux », les « claquistes », les « saphiénistes », l'« angélicat », « le faquirat », le « bayadérat », le « céladonisme », l'« union angélique », les tenants de l'« amour puissanciel », des « orgies de musée », des « polygamies d'inceste » parmi des centaines d'autres cas pourront ainsi réaliser leurs fantaisies. L'impératif catégorique fouriériste ? « Ce qui fait plaisir à plusieurs personnes sans préjudicier à aucune est toujours un bien sur lequel on doit spéculer en Harmonie, où il est nécessaire de varier les plaisirs à l'infini » (*Le Nouveau Monde amoureux*, VII, 338). En matière de relation sexuelle, il n'existe qu'une vérité : trouver un « comanien », autrement dit quelqu'un qui a la même manie que soi, et construire sa relation « sans préjudicier » qui que ce soit…

8

Pour une pédagogie du sexe – Au *nominalisme sexuel* débouchant sur une *philosophie du contrat*, il faut ajouter une *pédagogie du sexe*. Les estampes japonaises, les miniatures indiennes, les traités de l'oreiller chinois constituaient un art du sexe qui visait l'éducation et l'édification des jeunes. On offrait au couple ce qui lui permettrait d'apprendre les choses du sexe, d'en faire un art à deux, de maîtriser son corps et d'offrir à l'autre sa part de jouissance, en travaillant à sa santé, car la sexualité

Conclusion

Katsushika Hokusai, *Fukujusô* (Adonis), 1815-1816

réprimée passe pour psychopathogène quand son épanouissement assure d'une santé physique et mentale. De sorte que le manuel de sexe relève du traité philosophique, de la bibliothèque existentielle qui propose des exercices spirituels portés par les corps.

Notre civilisation iconophile et chrétienne regorge d'illustrations du nihilisme de la chair à travers un art qui figure presque essentiellement des fragments de la légende monothéiste : la saga de la Vierge Mère, celle de l'ange messager d'un sexe sans sexe, la fumisterie de l'incarnation d'une chair sans qualités, la Passion, la crucifixion, la mise au tombeau, la Pietà, la résurrection du corps glorieux, sans parler des scènes de martyres avec abondance de sang, d'instruments de torture, de cadavres mutilés. Cette iconographie éduque au corps chrétien.

L'époque n'est plus ni au livre ni à la peinture, mais à l'écran. Au Moyen Âge, la sculpture dans une église touche un maximum de personnes, puisque la plupart s'y rendent pour les offices. De même pour les peintures ou les scènes figurées sur les vitraux. Aujourd'hui, la lecture de livres ou la connaissance des arts relève de l'élite pendant que l'image pixellisée touche tous les publics : écran de télévision en premier lieu, écran de cinéma, écran de vidéo, écran d'ordinateur, écran de téléphone... Si l'on veut donc la diffusion de masse d'une pédagogie du sexe, l'écran s'impose comme le support le plus approprié.

9

Éloge de la pornographie – D'où la nécessité de penser la question de la pornographie. L'habituelle sophistication des rhéteurs pour savoir ce qui est ou n'est pas de la pornographie ; l'abondance des discours comparatistes entre érotisme, défendable, et pornographie, indéfendable ; le recours classique à la pirouette du « la pornographie, c'est l'érotisme des autres » – tout cela tourne autour d'une impossible définition. Je voudrais pour ma part raccourcir ce débat et aller directement à ce qu'en dit le *Catéchisme de l'Église catholique* (un fameux livre qui, article 2258, enseigne « tu ne tueras pas » puis, article 2266, défend « dans des cas d'une extrême gravité » l'usage de la peine de mort…).

Lisons : « La pornographie consiste à retirer les actes sexuels, réels ou simulés, de l'intimité des partenaires pour les exhiber à des tierces personnes de manière délibérée » ; suivent une critique et une condamnation, évidemment. On sait que « l'acte sexuel doit prendre place exclusivement dans le mariage » (article 2390), et que tout ce qui sort le sexe de la fécondation de l'épouse doit être réprimé – onanisme, homosexualité, stupre, fornication, adultère, union libre, luxure à égalité avec le viol et la prostitution… On imagine donc que dissocier la sexualité de cette perspective névrotique pour en faire un spectacle à destination de tiers constitue un péché grave.

Qu'y a-t-il de répréhensible dans la pornographie ? « Tout », disent ceux qui s'y opposent ; « rien », ajoutent ceux qui la défendent ; « son usage commercial », ajouterai-je pour ma part, ce qui explique l'indigence du genre. Car la nullité de la pornographie ne procède pas de son essence, mais de son existence dans un marché où la misère sexuelle conduit nombre de personnes à consommer du sexe virtuel à défaut d'accéder au sexe réel, ce qui induit la production sans fin d'œuvres calamiteuses.

Les films pornographiques procèdent pour la plupart d'un canevas unique dans lequel le scénario est réduit à la portion congrue : pas d'histoires, pas de personnages, pas de psychologie des sujets, pas de dialogues, ou si peu, pas de décors, pas d'intrigues, pas d'acteurs capables de jouer autre chose que les scènes corporelles, juste un fil rouge constitué par l'enchaînement de scènes sexuelles elles-mêmes construites sur un canevas qui conduit du déshabillage à l'éjaculation faciale en passant par fellation, cunnilingus, pénétration, sodomisation, à quoi le réalisateur ajoute quelques ingrédients : un, deux, trois, dix partenaires, des femmes

Larry Sultan, *Le Baiser*, série « La Vallée », 1999

aux gros seins ou des blacks au gros sexe, et des décors les plus hétéroclites ! L'obscénité ne se trouve pas dans ce qui est montré du sexe, mais dans la façon commerciale d'agencer ce qui est montré ; elle ne concerne pas le gros plan sur une pénétration, mais le degré zéro du cinéma qui la saisit ; elle ne réside pas dans la partouze généralisée ou l'échange de propos salaces, mais dans l'intégration de ces ingrédients à une œuvre minable d'un point de vue esthétique, artistique ; elle n'a rien à voir avec le contenu de la bande-son, mais avec l'électroencéphalogramme plat du réalisateur d'autant plus riche que son indigence est grande ; elle ne réside pas dans les supports que l'on dit ou que l'on croit, mais dans les bureaux des producteurs, réalisateurs, diffuseurs ou distributeurs de tant de navets majuscules ; elle n'est pas dans la quantité de sperme envoyé sur des visages de femmes, mais dans l'industrie qui formate des produits indigents et les répand sur le marché en donnant du sexe cette image consumériste nihiliste. Le problème n'est donc pas la lutte contre la pornographie, mais la promotion d'une autre pornographie – celle de l'éros solaire justement…

10

Une pornographie philosophique – La plupart du temps, la pornographie, c'est l'érotisme moralement jugé, jaugé, apprécié. Visons une autre définition, par-delà le bien et le mal, dans la direction du bon ou du mauvais, et, contre la pornographie consumériste, défendons une *pornographie philosophique*, autrement dit, une production de films scénographiant des histoires dignes de ce nom, avec des personnages conséquents, inventons des histoires, travaillons à des narrations, échafaudons une psychologie des personnages dans le souci d'une esthétique et d'une édification existentielle des spectateurs.

Le cinéma pornographique doit prendre sa place dans le cinéma classique et les mauvais pornos consuméristes se penser de la même manière que

Édouard Levé, sans titre, série « Pornographie », 2002

Conclusion

les autres films fabriqués pour le box-office. Car il n'existe pas une différence de nature entre *L'aubergine est bien farcie* et la dernière superproduction d'Astérix, mais une différence de degrés… L'obscénité commune aux deux registres – l'aubergine et le menhir – se manifeste clairement dans l'usage du cinéma comme d'un support marchand qui exploite, pour l'un la misère sexuelle de son public, pour l'autre sa misère intellectuelle. Mais les deux misères agissent en recto et verso d'une même feuille.
Proposons donc sur écran ce que les arts d'aimer des Orientaux offraient sur le papier, dans les livres, avec des gravures et des estampes. Et rêvons à ce que l'Emir Kusturica du *Temps des gitans*, le Peter Greenaway de *La Ronde de nuit*, le Leos Carax de *Mauvais Sang*, les grands stylistes d'aujourd'hui, feraient avec un cahier des charges développant les attendus d'un cinéma pornographique philosophique qui proposerait, en images, les leçons données par tous les traités érotiques…
La critique faite habituellement au cinéma pornographique de créer de la violence, de générer de l'agressivité, de produire des modèles de relations sexuelles à des adolescents sans points de repère, de corrompre la jeunesse donc (le vieux procès fait à Socrate !), d'induire les tournantes dans les banlieues, les viols et autres crimes sexuels, d'entraîner la misogynie, se trompe de cible : le cinéma pornographique, parce qu'il est abandonné aux seuls marchands du Temple capitalistes, formate un monde qui lui ressemble avec consumérisme, objectivation d'autrui, instauration de relations de domination et de servitude, exploitation des femmes, amoralisme cynique, destruction de la beauté, esthétique de la laideur, et tout ce qui montre l'époque libérale dans sa superbe…
Les opposants au cinéma pornographique confondent la cause et l'effet : il ne génère pas la misère ou la violence sexuelle, il en est le signe, la signature, la preuve. La production marchande discrédite l'objet formaté pour générer les bénéfices, non le fait qu'il s'agisse de pornographie, ou de corps montrés dans l'enchaînement de relations sexuelles. Une

Anonyme, France, vers 1890

pornographie philosophique se double d'une *pornographie politique*, au sens noble du terme : d'abord comme art de vivre le sexe dans la société et de l'apprendre, de le transmettre, ensuite comme résistance à la seule modalité libérale de lecture du monde et de production des œuvres d'art.

11

Liquider l'éros nocturne – Le dépassement du cinéma pornographique consumériste au profit d'un cinéma pornographique philosophique entrerait dans la logique de combat contre l'éros nocturne. Car l'industrie du porno se nourrit du corps chrétien, du nihilisme de la chair qu'il apprête selon les recettes du consumérisme libéral. La haine du corps, la répression de la sexualité, le discrédit jeté sur les femmes, la diabolisation de la chair, la culpabilisation du plaisir débouchent sur des « œuvres » du genre *Six Suédoises à la pompe* : signe d'un double nihilisme, celui de la religion chrétienne, celui du capitalisme libéral.

La récusation tout aussi bien d'un sexe du surmoi que d'un sexe du ça au profit d'un sexe du moi ; la connaissance de soi, de sa subjectivité libidinale ; la saisie nominaliste de son éros particulier ; la recherche du partenaire adéquat à même de concrétiser le contrat générateur de jubilations sur mesure ; la connaissance de ce que peut le corps sexuel ; l'accumulation des savoirs relevant de l'encyclopédie des potentialités jubilatoires ; la pratique d'une pornographie philosophique doublée d'une pornographie politique qui refuse l'usage libéral de la chair et tourne le dos à un hédonisme consumériste au profit de sa version libertaire ; la méditation du *Nouveau Monde amoureux* de Charles Fourier contre les normalisations psychiatriques de la *Psychopathia sexualis* de Krafft-Ebing ; celle de *La Fonction de l'orgasme* de Wilhelm Reich contre les sophisteries des *Écrits* de Jacques Lacan ; le combat radical contre le nihilisme chrétien de la chair ; le souci d'une sensualité déchristianisée ; la construction d'une intersubjectivité corporelle ludique et joyeuse ; voilà les lignes de force d'un éros solaire.

Cet ouvrage invite à la construction sexuelle de soi à partir d'un matériau inédit : l'unicité de chacun. L'invention d'une sensualité, la fabrication d'une volupté, la confection d'un plaisir, la création d'une joie ne relèvent d'aucun projet communautaire ou global, collectif ou général, religieux ou politique, mais d'un vouloir propre. Pindare, qui formulait déjà la sublime invitation « deviens ce que tu es », ajoutait dans le même poème, les *Odes pythiques* : « N'aspire pas, ô mon âme, à la vie éternelle, mais épuise le champ des possibles. » La vie n'y suffira pas, mais au moins aura-t-elle été digne de ce nom.

Crédit iconographique :

Couverture : Deichtorhallen, Hambourg, Allemagne, Wolfgang Neeb / The Bridgeman Art Library © Adagp, Paris 2008 – page 8 : © Eberhard Spangenberg / Adagp, Paris 2008 – page 11: Courtesy George and Betty Woodman – page 12 : photo Ludovic Bollo – page 18 : Peter Willy / Bridgeman Giraudon – page 20 : © 1996 photo Scala, Florence / musée d'Unterlinden, Colmar – page 25 : photo © 1985 The Metropolitan Museum of Art – page 26 : akg-images – page 32 : © 1995 photo Scala, Florence / Louvre, Paris – page 34 : akg-images – page 39 : akg-images / Cameraphoto – page 46 : Institut de France / musée Jacquemart-André – page 51 : Bibliothèque nationale de France – pages 52, 53 : photo RMN / René-Gabriel Ojéda – page 59 : RMN / droits réservés – page 61 : RMN / Jean-Gilles Berizzi – page 62 : musée de l'Œuvre Notre-Dame de Strasbourg, photo musées de la Ville de Strasbourg, N. Fussler – page 67 : Bibliothèque nationale de France – page 74 : photo RMN / René-Gabriel Ojéda – page 76 : © 1990 photo Scala, Florence / Pinacothèque du Vatican – page 79 : © Blauel / Gnamm / ARTOTHEK – page 82 : photo CNAC / MNAM, dist. RMN / droits réservés / Adagp, Paris 2008 – page 86 : Bibliothèque nationale de France – page 87 : © 1997 photo Scala, Florence / Pinacothèque de Brera, Milan/ courtesy of the Ministero Beni e Attività Culturali – page 90 : Bibliothèque nationale de France – page 91 : photo RMN / René-Gabriel Ojéda – page 94 : © Adagp, Paris 2008 – page 102 : Georges Bataille, *Les Larmes d'Éros* – page 106 : © Adagp, Paris 2008 – page 107 : photo RMN / René-Gabriel Ojéda – page 118 : © Anne Salaün / Roger-Viollet (2563-3 SAN-7054) – page 126 : akg-images – page 127 : Bibliothèque nationale de France – pages 128-143 : photos M. Onfray – pages 147-163 : coll. M. Onfray – page 166 : photo RMN / Hervé Lewandowski – page 167 : photo RMN / Franck Raux – pages 170-171 : akg-images © Adagp, Paris 2008 – pages 172 : © Adagp, Paris 2008 – page 174 : © Gilles Berquet / VS – page 177 : photo CNAC / MNAM, dist. RMN / Adam Rzepka © Adagp, Paris 2008 – page 180 : adoc-photos – page 182 : adoc-photos – page 185 : Larry Sultan © Gallery Stock – page 187 : Édouard Levé © Succession Édouard Levé, Galerie Loevenbruck – page 189 : adoc-photos

Conception et réalisation graphique :
Delphine Delastre / studio de création Flammarion
Photogravure : Dupont (Paris)

Achevé d'imprimer en août 2008
par Canale (Italie)
N° d'éditeur : L.01EBNN000160
Dépôt légal : septembre 2008